愛の話 幸福の話

Akihiro Miwa

美輪明宏

集英社

プロローグ

幸福について いくつかの質問

こんな質問をされたら、あなたはどう答えますか。

あなたが愛を感じるのはどんな時ですか。

恋と愛の違いはなんでしょう。

いちばん大切な愛のルールはなんでしょう。

男が女に求めているものはなんでしょう。

家族をつくっているものの正体はなんでしょう。

あなたが好きなものと嫌いなものを3つずつ挙げてください。

自分にいくつマルをつけられますか。

あなたの〝引出し〟にはどんなものが、どれくらい入っているかご存知?

どんな「自分」になりたいと思っているのでしょう。

悩み迷った時、人間にいちばん必要なものはなんだと思いますか。

幸せって、いったいどういうことでしょう。

年を重ねることの意味とはなんでしょうね。

あなたにとって心の栄養はなんでしょう。

生活の中でいちばん大切にしているものはなんですか。

人を美しく見せる生活と醜《みにく》くする生活の違いとは?

教養・知性を高める時間を一日にどれくらい持っていますか。

困難に直面した時の解決方法をいくつ持っていますか。

人間関係の本質にある要素をご存知ですか。

人と人との出会いを成就《じょうじゅ》させるものはなんでしょう。

運命と宿命の違いとは?

人がこの世に生まれてくる意味とは?

心の安定を保つための手段はなんでしょう。

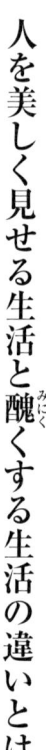

大人と子どもの違い。

人間の視野を広くするものはなんでしょう。

この世の根本にあるものはなんでしょう。

夢の入口の見つけ方を知っていますか。

人として道を誤らないために必要なこととは?

いかがですか。
答えられたものはいくつあるでしょう。
これらの質問の答えと考え方のヒントが
この本の中に詰まっています。
美しく、愛にあふれた幸福な人生を送るために、
お役に立てれば幸せです。

愛の話　幸福の話

Contents

目次

第四章

強い心を手に入れる 183

わたしが愛した人々

第五章

現代をラクラク泳ぐ知恵 247

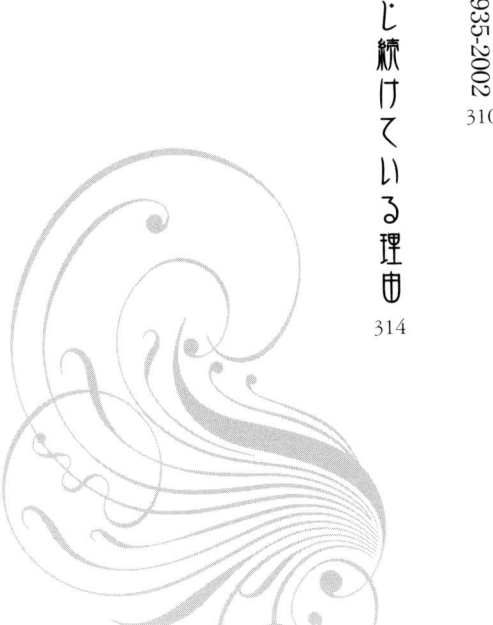

第一章

人が人を愛する意味

今この世に欠けているもの。それは愛です。恋人や友人への思いやり、肉親への慈《いつく》しみ。そうした愛の欠如が、さまざまな現代人の悩みや事件発生の根底にあるのです。しかし、世界中を本当の愛で満たせば、まだ軌道修正できます。荒廃したこの世も、そして悩み苦しむあなたの心も。人が人を愛する意味を一緒に考えましょう。

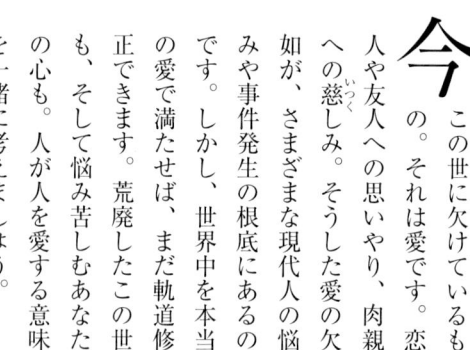

無償の愛とは

私に愛を教えてくれたのは、
私を愛してくれた人たちでした。
私はもらいっぱなし、甘えっぱなしなのに
いつも変わらない態度で見守ってくれた人たち。
彼らがいたから私は信じられます。
絶対的な愛、絶えることのない愛、
そんな無償の愛が、この世に存在するのだと。

忘れられない愛の思い出をお話ししましょう。

17歳で銀座のシャンソン喫茶『銀巴里《ぎんぱり》』の舞台に立ち、私は歌手としてデビューしました。ファッション革命を起こし、シスターボーイともてはやされ、22歳の時には『メケメケ』が大ヒット。順風満帆《じゅんぷうまんぱん》でした。しかしその後、株の失敗や金銭詐欺《さぎ》による借金で生活は困窮《こんきゅう》。人気にも陰《かげ》りが見え始めました。

その頃、私はひとりの青年と知りあいました。人懐《ひとなつ》っこいけれど礼儀をわきまえていて、無邪気で素朴で少年そのもの。そんな彼と、当時面倒を見ていた私の弟と3人、一緒に暮らし始めたのです。彼は頼んだわけでもないのに、私の世話をあれこれ焼いてくれました。まるで付き人のように熱心に。家の中のこまごまとしたこともすべてです。彼が待っていてくれる家は優しい空気に満ち、毎日が満たされていました。そして私は、そんな彼に甘えっぱなしでした。

しかしその一方で、当時の私は、それまでと同じように、ほかの男たちとも恋の火遊び。そして罪悪感にさいなまれる。そんなことを繰り返し、何年かたったある時、彼は突然いなくなってしまいました。見て見ぬふりをしていたけれど、彼は私の恋を知っていたのでしょう。本当に、消えるようにいなくなってしまいました。私は彼がいなくなって初めて、あふれるような愛を与えてもらっていたことを知りました。そして初めて、愛というものを教えられた気がしたのです。与えっぱなしで、見返りなど求めない、その気持ち。それこそが、本当の愛なのだと。

もっと愛してほしい、もっと、もっとと、誰もが愛を求めています。でも、「愛してる」「愛されてる」、そう言いあい、そう思い込んでも、それは確かなものではないのです。本当のことは誰にもわからないのです。

私は、本当の意味で愛し、愛されなかった人というのは、この世の90%以上だと思っています。たとえば親と子は愛で結ばれている、と誰もが思っています。しかし子どもよりわが身が大切だという親は、この世にごまんといるでしょう。物質だけはあり余るほどに豊かな現代、自分は飲まず食わずで着たきり雀でもいいから、子どものために自分のすべてを捧げたいという親はわずかです。愛玩《あいがん》動物のように子どもをかわいがっていても、それは勝手な愛のハケ口《ぐち》や気まぐれ、または自分の見栄やプライドから発しているという親が、いかに多いことでしょう。

恋愛関係でも同じです。好きな人のために何かしてあげたい。しかし、その気持ちの根底には、「だから自分にも優しくして」「もっと尽くして」という見返りを求める気持ちが微塵《みじん》もないとは言い切れません。そこに愛はないのです。

尊敬すべき愛情の持ち方とは

もうひとり。ある男性の話をしましょう。彼は中学時代の同級生でした。私が東京の音楽学校へ入学したのを知り、彼も東京の大学へ。やがて私の実家は破産、そして家出。東京でたったひとり、貧乏で住む家もない私を泊めて、何くれとなく面倒を見てくれました。彼は常《つね》にひたすら私に優しくしてくれました。私が歌手として脚光を浴びるようになっても、その態度は変わらず、いつも私の見えないところで、遠くからそっと見つめているのです。

私が水商売をしていた頃は、会社の部下をたくさん引き連れてお店に来て、部下全員にボトルを入れさせるのです。ずいぶん強引な、と思っていたのですが、後になって実はその費用はすべて彼が出していたことを知ったのです。またある時は、私のコンサートに知りあいがたくさん駆けつけてくれました。まだ今のように発売後数分で完売という状況ではない頃。なぜかしらと不思議に思い尋ねると、「アイツからチケットをもらったんだよ」と知りあいのひとりが言うじゃありませんか。私の事務所に連絡するわけでもなく、自力で何十枚もチケットを取り、知りあいに配っていたのです。そうやって何十年もの長い間、見えないところで彼はずっと私を応援し続けてくれました。

数年前のことです。そんな彼の命がもう長くないと、共通の友人が教えてくれました。その友人は私と彼の結びつきを察していたようです。「アイツが君に会いたがっているのがわかるから」と、病院へお見舞いに行くよう連絡をくれたのです。病室を訪ね、私は「大丈夫、すぐよくなるからね」と声をかけました。彼はそんな私を優しく微笑んで、じっと見つめているのです。片時も目を離さずじっと。それは中学生の頃とまったく変わらないまなざし。慈愛《じあい》に満ちていました。死がすぐそこまで近づいているのに。ただ悲しそうに見えるはずの目が、こんなにも美しい。それがかえって悲しく思えました。

自分から私に会いたいなんて、一度も言ったことがなかった彼。「こういう尊敬すべき愛情の持ち方をできる人間が、この世にいるんだ」と私は感じました。彼の奥さんはお葬式の時、私にこう言っていました。「私はおふたりのことで、やきもちを焼いたことなんか一度もありません。何十年もの間、ひとりの人を思い続ける大きく深い愛と、さりげない思いやりの無償の愛に、私はいつも感動していました」と。その奥さんもまた、立派な人でした。

私に愛を教えてくれたのは、私を愛してくれた人たちでした。物心《ぶっしん》ともに私から何かをもらおうという姿勢ではない人たち。私はもらいっぱなしで、甘えっぱなしなのに、いつも変わらない態度で見守っていてくれる人たち。そういう人たちを実際に見てきたから、私はこの世に愛というものがあると信じられるのです。

この世にはあるのです。なんの打算も計算もない絶対的な愛、絶えることのない愛。それを無償の愛というのです。そしてそれは、誰の心の中にもあるもの。もちろん、あなたの心の中にもです。人である以上。

恋と愛の違い

自分本位だったり、相手本位になったり、
その間をユラユラと揺れながら、
恋がだんだん影を薄めていって、
愛だけになればしめたもの。
相手が嘘をつこうが、靴下が臭かろうが、
すべてを許し、すべてを受け入れようと思えるのです。
恋から抜けて愛の国まで架《か》け橋《はし》を渡ってごらんなさい。
とってもラクになりますよ。

「恋愛」という言葉があります。見てわかるとおり、「恋」と「愛」が一緒になった言葉です。恋も愛も同じだと思っている人は多いけど、このふたつはまったく違うもの。恋という文字が先にくるのにはわけがあります。

　恋をすると、会いたい、寝たい、相手を自分のものにしたいと思うでしょう。その気持ちは、好きになればなるほどエスカレートしていきます。たとえば相手が待ち合わせに遅れてくると、「私をこんなに待たせるなんてひどい！」「なんて失礼なの」と怒ります。そして相手が現れると、自分を待たせたことについて文句を言うのです。相手に何かあったのではということには思いがめぐらず、とにかく自分のプライドが傷つけられたことが許せない。もしも相手が「ほかに好きな人ができた」なんて言い出したらもう大変。カーッと頭にきて、悔《くや》しい、チキショー、許せないということになってしまいます。なのに自分は、相手のスープの吸い方が下品だとか、靴下が臭いとか、そんな些細《ささい》なことでスーッと気持ちが冷めてしまう。つまり恋とは自分本位なものなのです。自分の欲望を満足させるために相手が必要なだけなのです。

愛は恋から始まります。しかし恋と違うのは、ものごとすべてが自分本位から相手本位になれることです。待ち合わせに相手が遅れたら、「何かあったのかしら」「忙しいのに無理をさせて悪かったな」と気遣《きづか》う。相手にほかに好きな人ができたと打ち明けられても、カッとするし悲しいけれど、相手が幸せそうにしているのを見て身を引ける。常に相手のことを思って行動できるのです。だから恋には裏切りがあっても、愛には裏切りはないのです。裏切りもまた許せるのですから。「愛の裏切り」という言葉を使う作家はインチキです。

よく、「恋が続かない」という言い方を聞きます。しかしこれは当たり前のことなのです。なぜ人間は、毎日何度もご飯を食べるのでしょう。それは使い切っちゃうからでしょ。その日働くために必要なエネルギーがなくなったら、また入れなければいけない。生きていくためのガソリン、それが恋の正体です。そして食べたもののほとんどが、ウンコやおしっこになって出る。骨になり、血になり、その人を維持していく栄養となって体内に残るほんのわずかのもの、これが愛です。恋は消えていくもの、愛は残るもの。いくら直観でビビビッときた恋も最初だけ。セックスして、一緒に暮らすようになれば、やがてなくなってしまう。

しかし、愛はそこから始まるから、恋愛という言葉は「恋」の次に「愛」がくるのです。

恋の世界の女王様でいるのは、刺激的で楽しいものです。それが好きなら、そのままでかまいません。でも自分本位だったり、相手本位になったり、その間をユラユラと揺れながら恋がだんだんと影を薄めていって、愛だけになればしめたもの。相手が嘘をつこうが、靴下が臭かろうが、どんな病気を患《わずら》おうが、すべてを許し、すべてを受け入れようと思えるのです。相手がアフリカや北極へ行ってしまっても、たとえ地球から飛び出してしまっても、「あなたは私の愛の中からは逃れられないのよ、いつでも帰りたい時に帰ってらっしゃい、あなたの席は空いていています」という気持ちになれるのです。

つまり、恋は愛に変質する可能性があるのです。恋から抜け出て愛の国まで架《か》け橋《はし》を渡ってごらんなさい。とってもラクになりますよ。そういう自分もまた好きになり、愛せるようにもなるのです。

愛のルール

私のことをかまってよ、心配してよ。
気を使ってよ。そんな女は、ヤツデの葉っぱに
水あめをつけたみたいにベターッと重いのです。
愛のルールの基本は、いかに相手に心配をかけないか。
愛しあっている相手だからといって、
土足で踏み込んではいけません。
けじめある関係の中でこそ愛は育つのです。

以前こんな相談を受けました。自分の義理の兄の自殺、親友の中絶などショックな出来事が続いたのに、恋人はつらい気持ちを受け止めてくれなかった。彼は学生で忙しく、会ってもグチるばかり。負担をかけてはいけないと我慢《がまん》するうち、悩みを言い出せなくなってしまった。いちばんわかってほしい人に気持ちをわかってもらえないのが苦しいというのです。

まず、この人は勘違《かんちが》いをしています。心配という荷物を一緒に背負ってくれることが、愛だと勘違いしているのです。そんなものは、愛でもなんでもありません。愛のルールの基本は、いかに相手に心配をかけないようにするか。たとえば彼女の場合、義理のお兄さんの自殺や友達の中絶は、たしかに大事件だったでしょう。ショックが大きかっただろうこともわかります。しかしそのことが、彼になんの関係があるというのでしょう。彼女自身の問題であって、彼と彼女の間にある問題ではないはずです。この相談者は、なんでもいいから心配してもらう理由を探しているのです。そういう女は男にとって、とてもウザったいものです。ヤツデの葉っぱに水あめをつけたみたいにベターッと重いのです。しなだれかかってこられそうで怖いから、彼は先にグチをこぼして予防線を張っているのです。

最近、街行くカップルを見ていると、男女いずれも、同じような服と髪型。現代はファッションに限らずさまざまなものがボーダーレスになってきました。文化、国の境界線、貧富の差、そういったもののボーダーレスは人類を幸福にしますから大歓迎。しかし、すべてがボーダーレスになってもかまわないというわけではありません。決して忘れてはならないのが人と人の間のけじめです。

友人、知人、恋人など、それぞれの関係のけじめがなくなり、また区別する必要なんてないと思っている若い人も多いようです。でも、けじめがないから、相手とどう関わればいいのかわからなくなってしまっているのも事実です。親にも目上にも、友人と同じようにタメグチを使うのが当たり前の世の中です。そういう関係はラクでしょう。しかし、それではいけません。すべてがグジャグジャの溶岩に流された家屋のようになってしまいます。

少年が母親をバットで殴り殺し、自転車で岡山から秋田まで逃げた事件がありました。マスコミはこの事件を〝17歳〟というキーワードでしか取り上げませんでしたが、考えなければならないポイントはほかにあります。その後の調べでわかったのですが、彼は下級生にいじめられていたのです。どんな上級生であれ目上は目上。教師がけじめ、秩序《ちつじょ》というものをきちんと教えていればあんな悲惨な事件は起きなかったかもしれません。しかし「けじめ」「秩序」「節度」という言葉は現代ではすでに死語。ストーカー事件や親子間の殺傷事件が後を絶たないのも、人と人の間にけじめや秩序がなくなったのがひとつの原因です。そして恋愛や人間関係の悩みも、実はそこに原因があることが多いのです。

山の中でひとりきりで生きるなら「なんでもありじゃん」でいいでしょう。だけど山の中にいるのと同じように、人の中にいて、それはいけません。私は道徳や政治哲学を説く儒教は大嫌いですが、考え方のいいところは取り入れるべきだと思っています。けじめを重んじるという儒教の教えは、他人や自分を思いやる行為につながります。これは生活の知恵です。どうすれば暮らしやすくなるかという人間の知恵なのです。自分が大事にされたければ、まず相手を大事にすることです。愛しあっている相手だからといって、なれあいで心の中まで土足で踏み込んではいけないし、礼節を忘れてはいけません。それができれば、あなたの愛も育っていきます。その手始めは正しい言葉遣いです。美しい日本語の話し方です。

愛の言葉

愛を与える

「心の井戸」を枯らしてはならない。
そんな誇りと意地があれば、
ひび割れた底も水で満たされ、潤《うるお》い、
どんどん人にパワーを与えようという気持ちになります。
それは愛も同じです。
与えようと思えば、あふれ出てくるものなのです。
もらおう、もらいたいとばかり思っている人は
永遠に愛とパワーの物ごいをして一生を終えるのです。

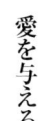

私がシンガーソングライターの元祖と呼ばれるようになったのは、1960年代の初め。今もコンサートで歌い続けている歌を、いくつも作詞・作曲しました。その頃の日本は軽佻《けいちょう》浮薄《ふはく》な歌もあふれていました。戦後すぐに『東京の花売り娘』という歌がはやるなど、聞こえてくるのは花よ、すみれよ、ため息よの歌ばかり。高度経済成長期に入ってはいたものの、実際の世の中はまだまだすさんでいました。もっとリアリスティックな歌を歌う歌手がいてもいいんじゃないか。きっとそういう歌が必要とされる日が来るに違いない。私はそう思い、労働者への応援歌、反戦歌、従軍慰安婦《じゅうぐんいあんふ》の歌など、社会派と呼ばれる歌を作るようになったのです。

肉体労働者の親子の愛情をテーマにした『ヨイトマケの唄』を作ったのは24歳。しかしその後、私は人生のどん底にいました。株が暴落、おまけに信じていた人に全財産をだまし取られ借金まみれ。『メケメケ』で世間に注目されたものの、ビジュアル系の元祖からシンガーソングライターの元祖へという路線変更のため、仕事も干され、私は落ちめの歌手でした。私を愛し、ずっとそばにいてくれた青年も消え、その後、恋人が突然の交通事故死。しかも私には20歳の頃から、養わなければならない多くの家族がいたのです。

そんな貧乏生活にやっとひと区切りつき、人並みの暮らしを手に入れ始めた私の前に病気の父が現れ、兄と弟たちを含め8人への仕送りが始まりました。お金に余裕がある時はまだよかったのです。でも自分が借金を背負い、しかも稼《かせ》ぎがない中での仕送りは相当な負担でした。仕事と聞けばキャバレーや地方のどんな仕事でも飛びつき、収入をやりくり算段。今その頃のことを思い出すと、どうやって生きていたのか自分でも想像できないくらい。25歳から29歳までの5年間は本当に地獄でした。

でもそういう時って、人間は倒れないものなんです。何がなんでも生き抜いてやろうという気力があるから、病気になってる暇もない。落ち込むどころか、むしろ力がわいてくる。講演会などでよく聞かれます。「美輪さんはどうしてそんなにパワフルなのですか」と。それは簡単なことです。人からパワーをもらおうとするのではなく、人にあげようと思うと力は泉のようにわいてくるのです。与えようと思えばわいてくる……、それは愛も同じです。

好きになった相手を大事にしたいと思っても、たやすいことではないでしょう。電話に出なければ邪推《じゃすい》するし、ほかの人と会ったと聞けば嫉妬《しっと》もします。ましてやフラれた、二股をかけられたとなれば、もはや心の中は恨《うら》みと憎しみと復讐心《ふくしゅうしん》でいっぱい。いつまでもいつまでも、別れた相手のことを心の隅《すみ》で憎しみ続ける人も少なくありません。

なぜそうなってしまうのか、考えてみたことがありますか？

それは自分に誇りを持っていないからです。「私はこれだけ素晴らしい人間なんだ」、そう思えれば「傷つけられた」「奪われた」なんて思わないですみます。たとえ自分がどんな厳しい状況にあっても、「持っていくならどうぞ」という気持ちになれます。でも自分のことを地べたをはい回り餌《えさ》をあさる虫のように思っているから、「ちょうだい、ちょうだい」と人から無理やり愛情をむさぼろうとするのです。

どんな時も人が忘れてはならないのが、自分への恥と誇りです。誇りが人をまっすぐ立たせ、心を豊かにしてくれるのです。私が地獄の5年間を生き抜けたように。

底を見たらカラカラでひび割れているような井戸では、水はくめません。人に与えようと思っても無理な話。井戸を枯らしてなるものかという自分に対するいたわりと優しさ、慈《いつく》しみに裏打ちされた誇りと意地があれば、ひび割れた底は水で満たされ、どんどん人に与えようという気持ちになるのです。そして愛のパワーはあふれ出すのです。

愛の言葉

愛される女

若い女の子は相手に求めてばかり、
みんなエゴのかたまりです。だから相手が引くのです。
自分の欲望をぶちまける前に、
相手のことをよく見てごらんなさい。
相手が何を求めているのか、何を必要としているのか、
相手の心の見えない部分まで
見ようとするのが本当の思いやり。
愛される女とは、思いやりのある女のことを言うのです。

私はこれまでたくさん恋をしてきました。ボーイフレンドは数えきれないくらいいたけど、彼らが残してくれたのは素敵な思い出ばかりです。

ある誕生日、ボーイフレンドが遊びに来ました。彼が帰った後、玄関に新聞紙にくるまれた謎の物体が置かれていました。忘れ物だと思いあわてて電話をすると「ああ、それやるよ」と彼。「気に入ったらもらって。気に入らなかったら、次に会った時に持って帰るから」。それは私への誕生日プレゼントでした。新聞紙に包まれていたのは、以前から私がほしいと言っていたイタリア製の装飾品。その装飾品は高価で、とても彼のお給料で買えるようなものではなかったのに、私のために無理をして買ったのでしょう。その後、庭のゴミ焼き場を見たら、お店のきれいな包装紙が隠すようにして捨ててありました。派手な包み紙が大げさで、照れくさかったらしいのです。

また、別の人とふたりきりでクリスマスイブに会った時。乾杯するなり彼は「ちょっと、トイレ」と言って席を立つのです。そして私の手のひらに何かギューッと押しつけました。見てみるとそこには私がほしかったペンダントが。そのペンダントも高価なものです。まさか盗んできたんじゃ……と思いをめぐらせていると、どこからか視線を感じました。顔を上げると、廊下の柱と柱の間から、こっそり彼がこっちを不安そうに見ているのです。目と目が合って、あわててトイレへ駆けていく姿のかわいらしいことといったらありませんでした。

私がつきあってきた人たちは、みんなどこか共通していたように思います。素朴で、お腹の中に何もためていなくて、子どもみたいなところがある。そして見返りを求めず、人が幸福そうにしている姿を見て、自分も幸せだと感じているような人。男たちって、本当に優しいのです。たとえば誕生日プレゼントにしても、「今すぐここで開けて、あなたの大喜びする顔を見せて！」という態度をとったり、私がさほど喜ばないと「それはどこそこのブランド品でね」と恩きせがましく説明する人は、何百人といたボーイフレンドの中でたった2人か3人。ほとんどの人はあきれるくらいに素っ気ないんです。本当の意味でおしゃれな人ばかりでした。

恋が続かない、好きな人に振り向いてもらえないと嘆いている女の子が多いけど、当たり前です。若い女たちは、エゴのかたまりですもの。いつも恋人に要求してばかり。私のこと好きって言って、もっとほめて、もっとセックスして、バッグ買って、遊園地に連れていって、あれして、これして。誕生日プレゼントにしたって「喜んだ顔を見せて！」と詰め寄る。相手を喜ばせるためのプレゼントなのに、そんな時でも自分がほめてもらえないと気にくわない。そのうえ自分のことは棚に上げて、相手の欠点ばかり指摘《してき》して、プライドをズタズタに切り裂く。

男たちはそんな女たちの態度にほとほと疲れ果てています。そりゃあ、そうですよ。そんな人間と一緒にいて、心がなごむわけないもの。男だって、女たちにもっといろんなものを与えたいと思っているのです。でもまだ若くて自信もない。だからどうしていいのかわからずに戸惑っているのです。私はそんな気持ちがよくわかるから、欠点を指摘する前に、ひとついいところをほめてあげる。そうすると言われた相手は落ち込むどころか、力がわいてくるのです。こちらに対しても感謝と愛情を持つようになるんです。

人間は立体的。見えない部分もあるのです

「信じていたのに裏切られた」「こんな人だと思わなかった」というセリフをよく聞くけど、

これもエゴです。「信じる」ほど相手のことをよく見たのでしょうか。見てはいないはずです。自分の勝手な思い込みで、見えている部分がすべてだと思っているだけでしょう。人間は裏側がない映画のセットじゃないし、平面な漫画じゃありません。必ず裏と表の両面があって、立体的で複雑なのです。

だから心の目をこらさないと見えない部分があるのです。相手の心のそんな見えない部分。そこまで見ようとするのが「思いやり」。いい男というのは、思いやりのある、優しさが根底に流れている男のことなのです。そんないい男に愛されたいなら、自分も思いやりを持たないと。求めてばかりではだめなのです。

こんな女性がいました。恋人は営業マンで毎晩のように残業、接待。その疲れが週末に出るので、「一日中眠っていたい」とデートもままならない。「彼をゆっくり休ませてあげたい」という気持ちと、「もっとかまってもらいたい」という気持ちのふたつがない交ぜになり、どうしたらいいのかわからなくなっているというのです。彼女は彼についていきたいし、支えにもなってあげたい。だから今までどおり何も言わず、黙って待とうと思うと言っていました。

この女性を「演歌の世界みたい」と笑い飛ばす人は愚《おろ》かです。しみったれた演歌の世界は私も大嫌いですが、この女性の考え方は正解です。仕事や何かでひどく疲れた時、恋人がそばにいることが安らぎになることはもちろんあります。だけど逆に、好きだからこそ、相手に気を使ってしまうから一緒にいないほうがいいということもあります。

そういう時に相手の気持ちも考えず、「もっとかまってよ」と欲望をぶちまける女は最低。その気持ちは口に出さないのがマナーです。恋人になってセックスしたから、いつもそばにいてもらえて、寂しい思いはしなくてすむ。そんな権利が生じると思うほうが、間違っているのです。

女たちは、外で働いている男の気持ちをほとんど理解できていません。

「接待で飲めていいわね」「女の人がいるお店に行くんでしょ」。自分の好みの女ばかりがはべっている店ならいいけど、バーやスナックにはブサイクな女もいっぱいいます。イヤなヤツにペコペコ頭を下げなきゃいけない時もある。仕事を持って働いている女性もそれは同じはずです。

恋人に「何かしてあげたい」。本当にそう思うなら、何もしない、邪魔をしないことがいちばんいいという場合もあるのです。それで時間を持て余すなら、自分も相手と同じくらいなんやかやと忙しくしてみることです。そうすれば、ただジリジリして待つだけではなくなります。相手をもっと思いやれるようになります。

愛される女とは、余裕のある思いやりのある女のことを言うのです。

恋の楽しさ

セックスだけ求めている男は、
男ではありません。ただの雄《おす》です。
本当の男が女にいちばん求めているのは、
セックスではありません。ロマンや叙情性《じょじょうせい》です。
会話を楽しむ、ロマンティックな時間を演出する、
かけひきを仕掛ける……。
せっかく人間に生まれてきたのです。
人間にしか味わえない恋の楽しさを知らなくては
命がもったいないでしょう。

私をナンパしようとした若い男の子がいました。「デートしませんか」って。どこへ行くのと聞いたら、「お台場で観覧車に乗りましょう」って。今、若い人たちの間で、お台場の観覧車の中でセックスするのがはやってるんですってね。そこへ私を誘おうというんだからいい度胸でしょう。もう、大笑いしてしまいました。何を考えているんだかねェ(笑)。

彼に限らず、いつの時代も若い世代の人が私を支持してくれました。三島由紀夫さんや遠藤周作さんと知りあったのも私がまだ10代で、彼らが20代の頃。昔よりは数が減ってしまったけれど、今も20代のボーイフレンドが私の周りにはたくさんいます。

でも彼らの中には、ちゃんときれいな彼女や奥さんがいる人も少なくありません。なのに「会っていただけませんか」「ちょっと話をするだけでいいんです」と、私のところへ電話をかけてきたり訪ねてきたり。「私は保育園の先生じゃありません」「私は精神科のお医者さんじゃないわよ」と憎まれ口をきいても、「ちょっとだけ」と言って1時間や2時間、お茶を飲んで帰っていきます。そして彼らは決まってこう言うのです。

「美輪さんといると、すごくロマンティックな気分になれる」

「この時間が永久に続けばいいのになぁ」

今、恋することとセックスすることがイコールになっています。恋人同士が会って、ふたりで何をやっているかといえば、カラオケか、部屋にこもってテレビを見るか、セックス。お芝居やコンサートに出かけるとか、美術館めぐりをするとか、ふたりで楽しめることはほかにもたくさんあるはず。なのに共通の話題もなく、ただふたりでボーッとしているだけ。だから結局セックスだけに頼る関係になってしまうのでしょう。

みんな下半身だけで彼や彼女とくっついているのです。だけど下半身なんて、やがて飽きてくるもの。だけど上半身がピシャッとくっついていれば、離れないですむのです。だって、精神も霊《たましい》も上半身にあるのですから。全身全霊といいますが、人を好きになるというのは、上半身と下半身の両方でくっつくことなのです。ひどいのになると下半身だけ結びついて、上半身は憎しみあったり、殴りあったりしている。

セックスだけの恋は、長続きしない恋です。セックスを切り捨てたところから始まる恋愛感情こそ本物。それが質のいい恋なのです。

どのダイヤルを回しても楽しめる人に

　ある若いボーイフレンドが家に遊びに来た日、たまたまドビュッシーの『牧神《ぼくしん》の午後への前奏曲』がかかっていました。この名曲が、フランスの詩人・ステファン・マラルメの「牧神の午後」という詩にインスピレーションを得て作られたこと、『ジェニーの肖像』という映画に使われたことなどを思いつくままにしゃべっていると、彼は私の隣で静かに話を聞き、あれやこれやと質問してきます。「美輪さんと話していると、知らないことがたくさん出てくるから面白い。僕はネタを仕入れにここに来るんです」と彼は言っていました。

　女たちは勘違いしています。男が女にいちばん求めているのは、セックスではありません。ロマンや叙情性《じょじょうせい》です。会話を楽しむ、ロマンティックな時間を演出する、かけひきを仕掛ける。私が男たちとの素敵な思い出を山のように持っているのは、男たちがほしいものを満たしてあげることができるからです。ふたりの下半身だけでなく、上半身をぴったりくっつけてくれる接着剤。それがロマンや叙情性なのです。

「君ね、ラジオのどのダイヤルを回しても楽しめる人間になれよ」

これはまだテレビがない時代、中学生の頃、ある上級生が私に言ってくれた言葉です。彼は私の初恋の人でした。政治、経済、歴史、漫画や漫才から高尚な文化、芸術まで、いろんなものを吸収して理解できるような人間になれ、と彼は教えてくれたのです。「これだ」と思える人に出会っても幸せになれない人が多いのは、そのダイヤルの数があまりにも少ないからです。だからすぐに体を許すことしかほかにないのです。

よく「二股をかけられて、捨てられた」という悩みを聞きます。二股だろうがなんだろうが、一度は相手に興味を持ってもらえたからつきあえたのでしょう。しかし結果的に捨てられた。それは、その人の中に相手を狂わせる〝品物〟がなかったからです。かわいさ、危険なムード、神秘性、謎、叙情、知性、ユーモア。女の中に求める品物があれば、男はとどまるものなのです。なのに、どの引出しを開けてもガランとしていて、わずかな粉も砂糖だと思ってなめてみたら味のしないセメントだった。あとはからっぽ。それでは捨てられます。

音楽、文学、絵画。とりあえずなんでもいいから、自分の肥やしになりそうなものを片っ端から吸収してみるのです。

せっかく人間に生まれてきたのです。人間でなければ味わえない恋の楽しさを知らなくては、宇宙にたったひとつしかない貴重な存在であるあなたの命がもったいない。知恵をめぐらせ、頭を使って、目の前の男が、今、何を求めているのか考えることから始めてごらんなさい。求めるよりも、求められる女になれること、請けあいです。

運命の人

若い人は自分の価値を測る基準は、
若さや美しさだと思っています。
でも、そんなもの、ただの天然現象。
自分が努力した結果、手に入れたものでも、
実力でも才能でもありません。
30歳を過ぎて、若さも美しさもなくなった時、
ガラクタにならないように自分を磨くこと。
それが永遠の愛を手に入れ、
運命の人と呼べる人に出会う方法です。

恋をして、別れ、また恋をする。それを繰り返し、自分には〝運命の人〟はいないのだろうかと悩む人が多いようです。運命の人は誰にも平等にいます。でも、それは長い一生の間で、ひとりかふたり現れるかどうかです。

高村光太郎は、妻・智恵子との愛に生きた詩人でした。目の前で愛する女が精神を病み、日に日に正気を失っていく。その姿を見守り、最期まで看取《みと》りました。その愛の記録『智恵子抄』には、まさに純愛が描かれています。でも、そんな絵に描いたような素晴らしい愛なんて、誰もが経験できないからこそ小説や伝説になるのです。

誰もが光太郎と智恵子になれるわけではないのに、みんなとても簡単に運命の人に出会えると思っています。だから選択を間違ってしまうのです。ちょっと言葉が古いけれど、高収入、高学歴で背が高い3高男をつかまえたとしましょう。すると6高、8高と欲が出てきます。分不相応《ぶんふそうおう》に自分の器《うつわ》も省《かえり》みず、自分の器以上のものを求めて本当に大切な人を逃してしまう人が、なんと多いことでしょう。そこで選択を間違わない人とは、自分の価値をわかっている人です。

若い人は自分の価値を測る基準は若さや美しさ、かわいさだと思っています。しかも、それらが自分の努力で得た結果や才能だと思い込んでいる。しかしそういうものは、風が吹いたり、雨が降ったり、冬の次に春が来るという天然現象と同じで、本人の実力や才能とはなんの関係もないものです。30歳を過ぎて、ただのガラクタにならないように、自分を磨き、引出しに詰めること。それが永遠の愛を得るための近道です。

ただ、誤解してはいけません。運命の人に出会うことだけが恋愛の終着点ではないし、最高の幸福ではありません。愛を知らないで終わってしまう人生があってもいいのです。その時、その時を燃焼し尽くし、旬のものを食べて、ああ、おいしかったと至福に浸る。結婚と離婚を繰り返し、死ぬまで恋をして、その経験から素晴らしい作品を生み出し、「ああ面白かった！」と言う言葉を残して亡くなった作家の宇野千代さんのような生き方もあるのです。

今はみんな、恋愛で救われようとしています。恋愛や愛欲が、ヘンな宗教みたいになってしまっています。恋愛さえしていれば安心。でも、恋愛していない自分は価値がないような、仲間はずれみたいな気持ちになっているのです。

以前、「資格試験を目指して勉強中。最近、どんな人を見てもときめかず、恋をするのが面倒になってしまいました。こんな私は枯れた女ですか？」という相談を受けました。人生の目標や生きがいを充実させようとがんばっている時、恋愛にエネルギーをとられたくないという気持ちになるのは、いたって健全です。生きがいはその人個人の問題ですが、それに比べれば恋愛はしょせん他人との関わりです。恋愛が面倒に思えてもそれは異常ではないし、枯れた女というわけでもありません。自分には自分の人生の目標がある。恋より素敵だと思えるものがある。そう思うなら、周囲に影響されて入りたくもない〝恋愛教〟に入る必要などありません。ヒトラーの時代の羊じゃないんです。また相手にも、相手の国の法律や財政状態や生活風習があるのです。

みんな「自分」で生きていけばいいんです。いい恋愛も、本当の愛も、自己志向型にならなければ手に入らないということを覚えておいてください。自己が確立できていれば、自分ひとりだけで生きていても十分に密度の濃い人生が送れます。運命の人を探すのは、それからの作業でも遅くはありません。

男はいろいろ

男はライオンみたいに
怒鳴《どな》っている人ばかりではありません。
鹿もいれば、フラミンゴもいます。
ひとくくりにするから視野が狭くなるんです。
まず目の前の男がどんな種類の生き物なのかを
しっかり見極めるのです。
自分が勝手に思い描いた妄想《もうそう》の中にいるだけでは
恋は動き出しません。

私のもとには、さまざまな相談が届きます。いつの時代もコンスタントにあるのが、「恋人ができない」という悩みです。男性とうまく話せない、友達にはなれても恋人には至らない、こういった悩みは永遠不滅。みんながみんな出会い系サイトの常連や恋愛の達人なわけではありません。

こんな相談者がいました。男性と接するのがすごく苦手で、なんとも思っていない男性と電話する時でも、緊張していることを微塵《みじん》も感じさせないようにするのに必死。それが好きな相手になると頭が真っ白で何も話せなくなり、相手にばかりしゃべらせてしまい、結局疲れさせてしまう。話し下手で万事が万事そんな調子なので、男性と親密なつきあいに発展したことがない。彼女はそんな自分の極度の男性緊張症は、父親が怒鳴《どな》ってばかりだった家庭環境に育ったことが影響しているのではないかというのです。

最近は、横柄《おうへい》ですぐに怒鳴って相手を緊張させる女ばかり。彼女みたいにウブで、乙女って感じで、かわいらしい女性は珍しく、むしろ結構なことです。電話の向こうで緊張していたり、頭の中が真っ白になって気が動転している様子は、男性から見て、慎《つつ》ましくかわいらしいと思いこそすれ、決して疎《うと》ましいものではないはずです。

ただ、彼女は錯覚しているのです。男性と親密なつきあいに至らないのは、自分がうまく話せない、その一点に理由があると思い込んでいる。「男性緊張症」なんて名前までつけちゃっているけど、誰かが診断書でも書いたのでしょうかね。

これは恋愛だけでなくどんなことにもいえるのですが、ものごとにはひとつではなくいろいろな原因があるのです。相手を疲れさせるのは、単に「話し下手」だからではなく、教養がないため話題がないせいかもしれないし、価値観の違いかもしれない。容姿の好き嫌いかもしれません。短絡的にものごとの原因を決定してはいけません。

そもそも男とひと口にいっても、女と同じように星の数ほど種類があるのです。男性はみんなライオンみたいに怒鳴っている人ばかりではないのです。いろんな動物がいるように、鹿みたいな男もいれば、フラミンゴもいるし、うさぎもいる。だけど不器用な人ほど、ものごとすべてに対する見方が偏狭《へんきょう》になりがちです。男はライオンだと思ったら、すべての男がライオンにしか見えなくなり、ほかの生き物のよさが目に入らなくなってしまう。そして無意識のうちに自分から恋愛のチャンスを遠ざけてしまうのです。

昔から恋は思案の外《ほか》と言って、恋は理屈ではありません。好きな気持ちは抑えられないし、暴走する心を止められないこともあるでしょう。でもそういう時こそ、視野をグローバルに持つ、違う考え方を受け入れる、理性を忘れない、という意識が必要です。

私が誰かに恋をしたらどうなるか、お教えしましょう。

とにかく相手の正体を知ろうとリサーチします。相手のくせ、生活パターン、趣味、長所、短所。観察したり、人に聞いたり、ときには誘導尋問《ゆうどうじんもん》にかけて、その人が猛々《たけだけ》しいライオンなのか、繊細《せんさい》な小鳥なのかを見極めるのです。それでもなおかつ好きになれるかどうかを自問自答します。私が愛するに値しない人だとわかれば、恋する気持ちはスーッと冷め、苦しい気持ちもおさまります。私はそうして自問自答し、自分で見極めた人しか長い間愛し続けたりしません。ですから、私のこれまでの相手は、私の鑑定にかなった一級品ばかりで駄物、安物はひとりもおりません。欠陥《けっかん》商品だと見破った途端にさっさと縁を切りましたから。

つまり妄想《もうそう》の中にいるだけでは、恋は動き出さないということです。自分は頭でっかちで考えすぎちゃう、臆病で行動に出せない。そういう人こそ、学生時代の生物の時間のように男たちをよく観察してごらんなさい。動物園を眺めるように、楽しめばいいのです。

男の種類も、恋の種類もいろいろ。それが感覚でわかってきます。

結婚の正体

子どもができれば食事も賑《にぎ》やかで楽しい。
でも人数が増えた分、後片づけは大変になるし、
病気だケガだと心配の種も増えるのです。
幸せと同じだけ、
面倒が増えるのが結婚というもの。
毎日がディズニーランドみたいに
楽しいと思っていたら大間違いです。

「彼のプロポーズを待っているのですが……」「この年で独身なんて恥ずかしい」。こうした結婚に関する悩みは非常に多く、世の中は結婚したい女性たちであふれているようです。

しかし、ちょっと周囲を見回してみてください。では結婚した人は、みんながみんな幸せそうですか。そりゃなかにはまぐれで幸せになった人もいるでしょうけど、何かしら文句や不満を言っている人がほとんどじゃないかしら。「私は結婚できるの？」と焦っているあなたにこそ、結婚の本当の意味を認識してもらいたいと思います。

まず世の中の結婚に対する定義が間違っているのです。結婚した人は幸せ、独身の人は孤独で不幸せ。でも本当にそうでしょうか。だったらなぜ離婚率が年々アップし、夫婦間の事件や家庭内暴力や殺人などのいざこざが後を絶たないのでしょう。たしかに結婚して子どもができ、大勢で笑って、賑《にぎ》やかに食事をすれば楽しいでしょう。でも人数が増えた分、食事の後片づけは大変だし、病気だケガだと心配の種も増える。幸せが増えると、それと同じだけ面倒なことも増えるのです。独身でいればそんな気遣《きづか》いや心配からは解放され、誰にも文句を言われない自由な生活が送れる。でもその反面、寂しいし、孤独にもなります。

つまり結婚とは、すれば必ず幸せになれるものではなく、幸せになれる人もいれば、なれない人もいる、そしてしなくても幸せに生きていける人もたくさんいる、という意味あいのものなのです。なのに結婚は楽しい、素敵だ、しなければならないもの、しなければおかしい、怪しいと世間や結婚産業があおり立てるものだから、みんなすっかりそう信じきっています。そして現実にぶつかった時に、対処しきれなくなってしまうのです。

昔の人は、姑のいじめに耐えるのが嫁の務め、夫の浮気は男の甲斐性《かいしょう》、子育ての大変さ、家事労働のつらさなどなど、これから起こる大変さを叩き込まれて嫁《とつ》ぎました。結婚の真実の正体を知らされていたのです。だから覚悟ができていたし、腹もくくれた。でも今はウエディングドレスや結婚指輪やハネムーンという魅力的なアイテムが並べられ、結婚の正体が隠れてしまっています。親にとっても、子にとっても、結婚がレジャー化してしまっているのです。結婚に限らず、今の日本はすべてがレジャー化しています。食事にしても、栄養バランスを考えるよりパッケージのかわいさや流行が大事。四駆の車があんなに人気なのも、遊びが生活の中心だからです。

その感覚で結婚して、毎日がディズニーランドみたいに楽しくなると思っていたら大間違い。結婚はレジャーでもなく、自分を変えてくれる人生の大イベントでもお祭りでもないのです。結婚式はただのイベント、仮装パーティにすぎません。結婚式と結婚とは別のものです。一緒にしてはいけません。だから結婚の表側だけでなく、裏側もちゃんと見つめなければ。結婚さえすれば幸せになれると思っていると、夫や子どもに頼らないと生きていけない宿《や》り木《ど》人生になってしまいます。結婚式は夢、結婚は現実なのです。

結婚相手は自分の所有物ではありません

日本舞踊家の藤間紫《ふじまむらさき》さんと歌舞伎役者の市川猿之助さんが入籍していたことが、2001年、報道されました。若い方はあまりご存知ないかもしれないけど、紫さんという女性はそれはそれは素敵な方です。21歳で藤間流六代目宗家《そうけ》・藤間勘十郎氏のもとへ嫁ぎ、離婚後、紫派藤間流を旗揚げし家元に。いつまでも若々しくて美しく、舞踊家としても洗練された粋な魅力を持っていらっしゃいます。

紫さんと猿之助さんが出会ったのは29歳と12歳の頃だといいます。幼くして祖父と父を相次いで亡くし、劇界の孤児となった猿之助さん。彼に手を差しのべたのが紫さんでした。宗家との離婚は猿之助さんとの仲が原因だとの噂もありましたが、事実はともかく、紫さんは世の女性がうらやむような宗家の妻の座をあっさりと捨てました。人間誰しも一度手にしたものを捨てる勇気はなかなか持てません。しがらみや立場や周囲の目を気にして思いを封じてしまいます。でも、紫さんは実に女ぶりがよかったのです。その後、猿之助さんの裏方に徹して演出アイデアを惜しみなく与え、自分を犠牲にして支え続けました。

紫さんにひと目惚れし、半世紀もの間思い続けた猿之助さんは、1年かけて入籍を口説いたといいます。紫さんはそこまでする価値がある女性だったということです。舞台という厳しい表現の世界で生きてきた同志が、長い時間を経て選んだ結婚という形。それを謙虚に受け止め、変わらず自然体でいる紫さんは、諸手《もろて》を挙げて「カッコいい!」と言える女性です。つまり金無垢《きんむく》なんです。ちょっと雨風にさらされるとはげてしまうメッキじゃないのです。

金無垢じゃない女は、夫にも過剰な期待をします。ひどい人になると「私は夢を持っているのに、夫は持っていない。夫にも夢を見つけてほしい」などと言い出します。実際に、そんな相談者がいました。

夢とはロマンティックなもので、その人の頭の中にファンタジーとして存在するもの。夫に夢があろうがなかろうが、それが別の人間である妻になんの関係があるのです。結婚しても、夫はしょせんは別の人間。夫と妻はただ同居している別々の人間同士なのですから、人の夢にまで口を出したり、侵入したり、押しつけたりするものではありません。相手は自分の所有物になったわけでも、細胞の一部になったわけでもないのです。結婚したら、ひとりからふたりになった、自分の才能も倍になったと思うのは勘違《かんちが》い。「夢を持ってほしい」と言いながら、「自分をもっと幸せにしてほしい」と欲をかいているだけです。

気をつけないと、こういう人が独裁者や支配者、または教育ママになってしまいます。東大に行きなさい、官僚になりなさい、カッコいい夢を持ちなさいと、夫に託せなかった自分の欲望を子どもに託すようになるのです。夫が妻の所有物でないように、子どもだって親の所有物ではないのです。自分の産んだ子どもだから、ずっと一緒にいられるような錯覚を抱きがちですが、そんなことがあるわけありません。子どもだって学校を出て社会人になれば、親のもとを離れ、自分の人生を歩き始めます。妻だから、親だから、人の夢まで関われると思うのは傲慢《ごうまん》です。自分自身ですら、人格、教養、知性すべてにおいて、ろくに支配統御できなかった人間が、ほかの人間を支配しようなどとはもってのほかです。

それがあなたの夢なら私は力になるわ。そんな紫さんの謙虚な姿勢こそ、永遠に本物の愛情です。

POND'S
TISSUES

家族の本質

家族は学校の教室や寮生活と同じ。
ひとつ屋根の下にふたり以上の人間が暮らすのは、
忍耐と努力と諦《あきら》め以外の何ものでもありません。
放っておけば無味乾燥で息苦しくなってしまいます。
それを救うのが文化。
家の中にあふれる叙情《じょじょう》つまりリリシズムは、
家族のオゾンになるのです。

最近、10代の少年が起こす事件が増え、家族のあり方が問われています。識者やマスコミは決まって、事件を起こした少年の家族だけが壊れていたかのように分析します。でもそれは大間違い。現代、壊れてない家族なんて少数派です。

少年たちの親世代にあたる40代、50代、60代は、戦時中からバブル期まで、ただ食べることのためだけに牛馬のごとく働きどおしでした。礼儀作法や言葉遣いなどの文化をきちんと教育されずに育った世代で、いわば森に捨てられ、森で育った獣《けもの》と一緒。新聞報道からもわかりますが、最も犯罪を起こす率が高いのは、これらの世代です。だから彼らに育てられた人間が、獣にならないわけがないのです。昨今、次々と起こる悲惨で凄惨《せいさん》な事件に歯止めをするには、親世代をもう一度教育し直す学校を作るしかないと私は思っています。今の政財官界のありようをニュースで見ても、それはあきらかです。

では、これから結婚して家庭を持つ人たちにできることはなんなのか。ひとつ頭に入れておいてもらいたいことがあります。家族というものは、いつもハッピーで素敵なものではないということです。家族は学校の教室と同じ。寮生活と同じ。ひとつ屋根の下にふたり以上の人間が暮らすということは、忍耐と努力と諦《あきら》め以外の何ものでもありません。放っておけば、無味乾燥で息苦しくてぶつかりあうばかり。それを中和させ救うのが文化というものなのです。

昔の人には知恵がありました。戦前までの日本人は、家庭に文化を取り入れるのが上手でした。正月が来たら門松を飾り、しめ縄を張る。2月は豆まき、3月は雛《ひな》まつり、4月は花見。一年中季節の行事があり、そのたびに家の中がパッと華やいで、非日常が訪れる。家族全員が息抜きでき、少々いがみあっていても仲よくやってこられたのです。

私の長崎の子ども時代は、いつも円満な家庭環境というわけではありませんでした。それでも家族を思う気持ちを忘れないのは、暮らしの中にいい思い出が山のようにあるからです。春になると近くの桜の名所に家族で出かけました。私の家はカフェや料亭を営んでいましたから、従業員やお手伝いさんもみんな一緒です。みんなよそ行きを着て、いそいそと出かけるのです。桜の下の仄《ほの》かなぼんぼりの灯、真っ赤な緋毛《ひもう》せん。うるし塗りで蒔絵《まきえ》の重箱からおいしい料理を広げ、大人は酒を飲み、春の夜を過ごしました。夏には夏の、秋には秋の楽しみ方がありました。

今はそれが、キャンプ場でのバーベキューにとって変わっているのかもしれません。本当に心が安らぐならそれでもいいでしょう。ただ、日本にはもっと素晴らしい生活習慣や文化が伝統としてあるのです。叙情《じょじょう》つまりリリシズムやロマンティシズムの美意識は、家族の逃げ場になり、オゾンになるのです。そこに目を向ければ、荒廃した現代でも、安らぎや安心感を得られる家族をつくっていくことができるはずです。

思い出の積み重ね。それが家族をつくるのです

現代の大きな問題が幼児虐待《ぎゃくたい》です。母親が母性を持てなくなっています。母子の愛情とは、家族の愛情とはなんなのか、今こそ多くの人に考えてもらいたくて、２００１年に舞台『毛皮のマリー』を再演しました。これは寺山修司さんが私に書いてくれた作品。及川光博君を美少年・欣也《きんや》役に迎え、私は男娼・マリーを演じました。マリーは欣也を溺愛《できあい》する母親です。欣也は自分が産んだ子ではありませんが、生まれた時からミルクを飲ませ、勉強を教え、自

分の手で育ててきました。マリーにとって欣也はわが子同然なのです。

親子や家族とは血がつながっている関係を指すと思ってる人が多いけれど、それは違います。看病をしたり、勉強を教えたり、送り迎え、遊んだり、憎んだり、ケンカしたり、笑ったりという思い出の積み重ねが、親子や家族というものをつくっていくのです。プラスもマイナスも全部ひっくるめて、その思い出が家族なのです。

母性も子どもとの思い出の積み重ねで備わってくるものです。泣いたら抱いてやり、子守歌を歌ってあげる。ひとつひとつの小さな行いが、女性を母親にしていきます。なのにそうした作業を放棄し、無抵抗なわが子に手を上げる、精神的に傷つける。幼児虐待の事件が後を絶たないのは、世の中でいちばん許せないことです。子どもは自分を守るすべを持っていないのです。本来は親がどんな時も子どもを守ってあげなくてはなりません。人からちゃんと愛された経験がない人が虐待をしがちだという説がありますが、愛された経験だけではありません。人間としてのすべての経験がない。慈悲や分別の心を持てない。幼児虐待は、親が子どもと同じレベルでケンカしているということなのです。

将来、母親になるかもしれない女性たち。自分の産んだ子をちゃんと愛せる母親になりたいなら、いつまでもかわいい女の子だと思われたい、夫と恋人同士でいたい、青春が終わっちゃうのはイヤという、子どもっぽいとらわれから自分を解き放つことです。

隣の芝生は青いという言葉どおり、人の家庭はなんの問題もなく幸せそうに見えるものです。テレビドラマのように理想的でしゃれた親子関係に見えるかもしれません。しかし、ほとんどの場合、一歩家の中に入れば問題はゴロゴロしています。たとえば、休みになれば家族を四駆に乗せてキャンプへ行き、魚釣りも上手で、テントもあっという間に張って、疲れも見せずに料理を作り、次の週末は遊園地に連れていってくれて、誕生日には気の利いたプレゼントをくれる。そんな父親なんてこの世にいやしません。

いつも子どもに優しくて、恋人時代と同様に夫とラブラブで、着るものも化粧も雑誌から抜け出たよう。そんな母親も現実には存在しないでしょう。子どもが泣けば叩きたくなるだろうし、般若《はんにゃ》のような顔をして夫に八つ当たりし、髪もボサボサで化粧もままならない。それが現実です。

そのイヤな恐ろしい現実に対処し、立ち向かうことができるようになるには、成熟した大人の女になることです。いつまでもかわい子ブリッ子の、頭の中が未成熟な幼児癖の抜けない子どもは、母親になる資格はないのです。また、なってはいけないのです。

これは妻だけではなく夫にも言えることです。子どもが迷惑します。犯罪が起こります。悲劇が起こります。そうならないためには、いつまでも子どものままでいたいという甘ったれた未練心と決別することです。それしかありません。そうでない人は結婚する資格はないのです。

その現実を受け入れるのです。それが大人になるということ。親が子どものままで、幸福な家庭など築けるわけがありません。

世直し対談1

瀬戸内寂聴×美輪明宏

今、求められている人柄

美輪　瀬戸内さんと最初にお会いしたのは、もう何十年も前になりますよね。

瀬戸内　それからずっとお会いしていなかったのに7、8年ほど前、偶然に新幹線の中で。私が居眠りをしていたら、スーッといい匂いがして、ふっと目を開けたら真っ白のドレスを着た観音様のような人が立っていた。それが美輪さんでした。そして「あなた大変なところに行ったわね」っておっしゃったの。

美輪　天台寺※のことですよね。

瀬戸内　そう。岩手の天台寺へ毎月行くようになってもう15年になります。最初はボロボロの荒れ寺でね。今は法話の日は多い時で1万人も来てくださいます。それでどうにかやっていけるようになりましたけど。

美輪　あの時、瀬戸内さん、なぜ四国生まれで京都に住んでいる私が、こんな岩手と青森の境にまで来なきゃいけないのか。しかも持参金まで持って、っておしゃってたのよね。私も気になってたの。それで霊視したら……。

瀬戸内　黒い雲がかかった山の中に、屍《しかばね》が累々とあるのが見えるとおっしゃる。ちゃんとお祭りしなきゃいけないって。私はただもう怖くなって、この荒れ寺をなんとかしなきゃって思ってました。

美輪　その次にお会いしたのは対談。

瀬戸内　初めて美輪さんのお宅にうかがって。白いお菓子みたいな素敵なお宅でね。あの時何時間いたでしょうね。

※天台寺
京都府京都市右京区嵯峨野に設け、活動の拠点としているのが「寂庵」。天台寺は、岩手県二戸郡浄法寺町にある寺。瀬戸内寂聴さんが1987年より住職となる。

美輪　対談は1時間ほどで終わったんですね。でもその後が大変だった。

瀬戸内　そう。美輪さんが立てなくなって。

美輪　天からお役目を授《さず》かった時はいつもああなんです。体が動かなくなるんですよ。あの時も、ああ、まただ、なんだろうと思って霊視したら、首がぽっと転がっていた。それが不思議な型のちょんまげなんですよね。30歳から40歳くらいのとてもいい男で、おっとりしていて、恨《うら》んでいる様子じゃない。誰なのかしらって思ったんです。それと木彫りの観音様が見えた。私は天台寺に行ったことがないからわからないけど、瀬戸内さんに荒いら木彫りの観音様があるでしょうと言ったら、ああ、あるとおっしゃった。それがご本尊なんだけど、それ以外にもうひとつ祭らなきゃいけない方がいる。心当たりはない？　と聞いたら、それが長慶天皇《※ちょうけい》なんじゃないかとおっしゃったのよね。

瀬戸内　天台寺が長慶天皇と縁がある寺だということは人から聞いて知っていたんです。南朝の3代目の天皇で、北朝にいじめられて都を追われ、海路で東北へ逃げてきた人だと。美輪さんのお宅へお邪魔した頃、実は学術調査が入って、長慶天皇の首塚が出てきたばかりだった。だから私もうびっくりして飛び上がっちゃった！　そうしたら美輪さんが「あなたは長慶天皇に呼ばれたんですよ」と。

美輪　つまり瀬戸内さんと長慶天皇は前世で何かつながりがあった。天台寺へ行

長慶天皇
後醍醐天皇、後村上天皇に続く南朝3代目の天皇。1368年から1383年に即位していたが、北朝（足利幕府）により歴史から抹殺されていた。大正15年『長慶天皇の登列の詔書』が出され、正式に皇統に加えられた。

くお役目があったのね。だから長慶天皇をきちんとお祭りしたらいい意味でえらいことが起こりますよと申し上げたの。

瀬戸内　だからお位牌も作って、お墓の垣根や道もきれいにして。そうしたらお寺もだんだんよくなるし、私にもいろいろ運が向いてきて。これは長慶天皇のおかげだけれども、もとはといえば美輪さんのおかげだと思っているんですよ。

瀬戸内さんの前世が見えたのよ

美輪　あれから大変なブレイクですものね、寂聴ブーム。その長慶天皇は、天皇としては長い間歴史から抹殺されていた方なんですね。

瀬戸内　だけど大正に入って学者たちが、長慶天皇が南朝時代に即位していることを調べ、天皇として認めるべきか否かの論争が起こるんです。

美輪　それがちょうど瀬戸内さんが生まれた頃。あなたは長慶天皇を世に出すために生まれ、天台寺へ導かれたのよ。

瀬戸内　私はお小姓《こしょう》※かなんかで、天皇のそばで墨でもすってたのかしらって笑ってたんですよね。

美輪　そうしたらしばらくたったある日、あなたの前世が見えたの。五条の橋みたいなところで、白拍子《しらびょうし》※の格好をして舞っているんですよ。瀬戸内さん、前世は白拍子だったのね。で、白拍子にしては珍しく学問があったので、それを気に

お小姓
昔、貴人のそばで召し使って、さまざまな雑事を受け持った者。多くは少年。

白拍子
平安末期から鎌倉時代にかけて起こった歌舞の名称。また、それを舞った遊女のこと。歌舞伎にもよく登場し、有名な舞踊『娘道成寺』ではつややかな振袖に身を包んだ白拍子が舞を舞う。

入られて天皇の側室として御所へ上がった。長慶天皇は文武両道だったんです。だから長慶天皇がどんな方だったか、もっと調べてくださいと申し上げたんです。

瀬戸内　そうしたら大変なことがわかった。『仙源抄《せんげんしょう》』という、『源氏物語』※の中の言葉を千ぐらい集めて解説をつけた、つまり辞書のようなものがあるんですけど、長慶天皇はそれをお作りになった方だった。それを美輪さんに申し上げたら、あなたが『源氏物語』の現代語訳を始めたのはいつでした、とお聞きになったのね。そう言われて数えてみたら、ちょうど私が天台寺に行った年だったんです。美輪さんのおっしゃることが次々と当たるから、私もう怖くなっちゃって。

美輪　鳥肌が立ってきたんですよね。

瀬戸内　だから私はいつも言われたとおりにしているんです。美輪さん、おっしゃってたわよね、瀬戸内さん、あなたは素直でいい子ねって(笑)。

美輪　三島由紀夫さんや寺山修司さんにもいろいろアドバイスしましたでしょう。言うことを聞かないんですよ。だから私がさじを投げるでしょう。そうしたら私が憂《うれ》いていたとおりになる。でも瀬戸内さんは信じて行動してくださる。だからそれがすぐにいい結果として表れるんですよ。本当に心が童女みたいに清らかできれいな人ですもの。それに長慶天皇や観音様、いろんな方に守られていらっしゃるから。

※『瀬戸内寂聴訳・源氏物語』全10巻（講談社）。1996年より刊行開始されたこの本により〝源氏ブーム〟が巻き起こった（1998年完訳）。

美輪さんは私にとって観音様のような存在

瀬戸内　私ね、面と向かって言うのはちょっと照れくさいんですけど、美輪さんは観音様だと思っているんですよ。だって観音様って男でも女でもないんですよね。性がない。美輪さんもそうでしょう。

美輪　おっしゃるとおりでございます(笑)。

瀬戸内　新幹線で目を覚ました時、本当に観音様が立っていると思ったんです。あの時はたしかすっぴんでしたよね。美輪さんって何もお化粧しないで、こんなにきれいなんだって驚いたのよ。

美輪　私、小さい頃、観音様の絵ばかり描いてたんですよ。うちに不思議な観音様がありましてね。誰にも言われないのに、ちゃんとお水をあげて。

瀬戸内　一昨年※、天台寺までいらしてくだすったでしょう。私「みなさん、今日は生きた観音様がお見えになりますよ」と言ったの。みんな何が出てくるんだろうと思っていた。美輪さんが紫色のお召しものでサーッと出ていらしたら、みんな呆然として、善男善女、ワーッと口を開けて(笑)。それから雨がじゃんじゃん降ってきたでしょう。でも誰も帰ろうとしない。だんだんみんなが押し寄せてきて、美輪さんの体にしがみついて、話を聞いているんですよね。無事に帰れるかしらと、怖くなりませんでしたか？

美輪　でも、それは瀬戸内さんも一緒で

※2000年8月。天台寺で行われた美輪さんと寂聴さん、おふたりによる法話の会。その日は境内からお堂の裏までびっしりの聴衆で埋めつくされた。途中降りだした豪雨を「えいっ！」という気合とともに止めてしまったという逸話も。

しょう。袖にしがみつかれる、腰にしがみつかれる、足にしがみつかれる。

瀬戸内　そうですよ、みんな触ってくる。だから、私の気の休まることってないんです。でも私、美輪さんにお会いすると本当にほっとするんですよ。あなたのほうがずっと私より若いのに、年上という感じがするの。私にとってそういう人は美輪さんだけなんですよ。だから美輪さんに誘われて断ったことがないでしょう。うれしくてすぐ飛んでいきますしね。

美輪　瀬戸内さんは何十年も前に初めて会った時のまま、純粋で透明で飾りけがなくて。この人はなんて好いたらしい方なのかしらと思っていた。きっとそういう気持ちが伝わるんですよね。

瀬戸内　何か変な言い方だけど、愛されてるという感じがするんです。

美輪　だって愛してるんですもの(笑)。

瀬戸内　ありがとうございます(笑)。さっき写真を撮る時、肩を抱いてくださったでしょう。美輪さんって体温が高いんですね。すごく熱い。エネルギーのかたまりですよ。

美輪　これは身の上相談でもよくお答えしてるんですけど、困ったことが起こったら、純粋な気持ちで、「※念《ねん》彼《び》観音力《かんのんりき》、念彼観音力……」と唱えるんです。観音様はエネルギー体ですから、そのエネルギーを自分の中に注入するつもりで。これはものすごいパワーになります。汗が出てくるくらいすごい。でも瀬戸内さんこ

念彼観音力
「観音様、力をください」という意味の言葉。精神にまとわりつくよけいな汚れを取り払い、自分自身の仏性を高められる。この言葉を唱える時は、背すじをピンと伸ばし、「念彼観音力、念彼観音力……」とできるだけ早口で何度も繰り返す。

そパワーのかたまりじゃありませんか。法話の会や講演会にはたくさんの人が集まるでしょう。全国を飛び回って精力的にお仕事されているのにいつも朗らかで。

瀬戸内　その日あったイヤなことは、寝る前にお掃除して忘れるようにしてるんです。そうすると自分の心が爽やかです。自分の心が爽やかじゃないのに、人様の苦しい話や、つらい話を吸収できるわけがない。常に自分の中をからっぽにしておくことが大切ですね。自分の心にわだかまりを持たないことです。

愛は想像力です。それを忘れないで

美輪　私も講演会をやっていますけど、自分で自分を苦しめてる人って多いですね。自分は人づきあいが下手だ、口下手で恋人に逃げられる。そういう不平不満だけ数えて、努力をしない。自分だけが閉塞感《へいそくかん》を感じていると勘違いしている。

瀬戸内　その閉塞感の原因は、想像力がないからだと思いますよ。自分のことしか見えてなくて、相手が何をしてほしいかということがわからないんですよ。相手が今どこか痛いんじゃないか、つらいんじゃないかとか、顔を見ればわかると思うんですけどね。夫婦でもわからない。亭主の浮気なんてじっと見ていたらわかると思うんです。ひげをていねいに剃っているとか、靴下の新しいのをはきたがるとかね。でもそれがわからない。わかった時はもう向こうに子どもができてギャアギャア言ってる。それは奥さんの怠慢だと私は思いますね。

美輪　そのとおりです。

瀬戸内　男女の仲は五分五分だと思うんです。私はこれだけ尽くしたのに相手は裏切ったと言うけど、向こうはそういう尽くされ方を望んでないかもしれないでしょう。それがわからないのはこっちがバカなんです。相手がどういう女を望んでいるかがわからないなら、その人とは恋愛する資格はないですよね。それは彼を愛してるんじゃなくて、彼を愛してる自分を愛してるということ。だから自己愛だと私はいつも言うんです。

美輪　つまり思いやりの心が足りないということですよね。

瀬戸内　想像力は思いやりですね。そして、思いやり＝愛です。だから私は、愛＝想像力だと思うんですよ。今はそれがなさすぎる。自分中心に世界が回ってるように思っている人が多いけれど、そうじゃなくて、みんなと手を取りあってこそ地球が回ってるんですから。

美輪　転生輪廻※っていいますでしょう。人は何度も生まれ変わってこの世に生を受けるわけですが、生まれ変わりの回数が少ない人は思いやりがないんですね。自分の経験が少ないから自分のことしか考えられない。なんであんなことで泣くの、バカじゃないの。自分が未経験だからその苦しみや、つらさがわからない。

転生輪廻
美輪さんは天草四郎時貞の生まれ変わり。「死んだ天草四郎のエネルギーがあの世で核分裂し、そのひとつを持っているのが私」と美輪さん。天草四郎自身もまたエネルギーの核分裂によって生まれた。前世はフランシスコ・ザビエルよりも前に日本を訪れた西洋人の神父だったという。つまりエネルギーの核分裂により、人はこの世に生を受け、それを何度もくり返すことによって、魂の修業を行っていく。

そういう人の前世は、きっと灰皿か何か（笑）。その逆で生まれ変わりの回数の多い人は、人生経験が豊富ってことだから人にも思いやりが持てる。瀬戸内さんがいろんな人のことを、いろいろおわかりになるのは、この世の地獄をくぐり抜けていらしたからだと思います。

瀬戸内　私は体が非常に丈夫で病気したことがない、なんて言う人がいらっしゃいますね。そういう人は幸せかというと、私はそうじゃないと思うんです。病気をしたことがなければ、やはり人の痛みはわからないでしょう。だから健康だということはありがたいと同時に、不健康な人の痛みがわからないという面もある。同じように貧乏したことのない人は、お金がないつらさがわからない。そして不幸な目にあわない人は、不幸な人の苦しみがわからない。だから私は病気も、不幸せな体験や境遇も、人間にとってマイナスだけではないと思います。

美輪　そうですね。ひとつの言葉や現象、森羅万象この世のすべてのものにはいい面と悪い面がある。私がずっと言い続けている〝正負の法則〟※も同じ意味です。

今、求められている人柄について

美輪　ところで瀬戸内さんがお考えになる、今求められる人柄とはなんでしょう？

瀬戸内　やはり他人の痛み、苦しみ、悲しみ。そういうものに共感できるという

正負の法則
すべての事柄にはプラスとマイナス、つまりよい面と悪い面が同じだけあるという、美輪さんの持論。恋愛、家庭、仕事などあらゆる人生の悩みを解決し、幸福に生きるための人生の法則。

ことでしょうね。そういう人じゃないと、人には好かれませんよ。それぞれ生きている限り、この世は苦ですからね、苦しみがないなんてことはあり得ないんです。ないと思っているのは、その人が鈍感なだけで。やはり他人の苦しみ、痛み、そういうものがわからない人は、私はもうお友達にほしくないですね。美輪さんは？

美輪　優しく思いやりがあってハートが温かい。でも首から上は冷静で、常に状況を分析できる。そういう人だと思います。頭が熱く、心も熱いのは、単なるでしゃばり。頭が冷たくて、心も冷たいのは大悪党、たとえば政財官人に多いタイプ。そのバランスを本当は親が子に教えなきゃいけない。

瀬戸内　そうですよ。お金持ちになんかならなくていい、有名な人にならなくてもいい、権力のある人にならなくてもいい。ただ自分よりも弱い人、不幸な人、悲しい人、その人たちの力になれる、そういう人間になっておくれということ。これが、親が自分のお子さんにすべき教育じゃないでしょうかね。

美輪　そのとおりです。それが教育です。お勉強するのはお金のためじゃない。人様に何を聞かれても答えられる、人のために涙を流せる、そういう立派な人になるためよって。そう教えれば子は親を尊敬します。

瀬戸内　そういう世の中にならなきゃいけませんよね。

せとうち・じゃくちょう
●1922年5月15日、徳島県生まれ。東京女子大学卒業後、見合い結婚し北京へ。26歳の時、娘を夫のもとに残し、単身京都で執筆活動を開始。29歳で作家デビューする。以後『花芯』『夏の終わり』など話題作を発表。51歳で奥州平泉中尊寺で得度・受戒。法名・寂聴となる。80歳を越えた今も精力的に執筆、講演活動を行っている。

●この対談は2001年7月19日、パルコ劇場で行われた『こんにゃく問答』を収録したものです。

第二章

上質な女になる

この世に増殖しているのはヒトの形をしているけれど、人ではない有機物たちです。そんな有機物たちが叫んでいる声が私には聞こえます。「素敵になりたい」「幸せになりたい」。そのためには、まずやらなくてはならないことがあります。自分という人間の中身を構築することです。その作業を今からすぐに始めましょう。

「あなた」の形

私らしく生きたい。そう思うなら、
まず自分を知ることから始めなければなりません。
容姿、容貌から好き嫌い、得手《えて》と不得手《ふえて》、
成功と失敗、過去と未来、長所と短所。
自分のすべてを表に書き出してごらんなさい。
その表は、それはそれは残酷なものかもしれません。
でも目をそむけてはいけません。
そんな今の自分を一度分析して細部まで理解できないと
自分らしさなんて見つかりっこありません。

「今の私は本当の私じゃない」

よくこんな声を耳にします。では、どんな私になりたいの？　そう尋ねると具体的なイメージなんてないのです。ただ、もっとほかに私らしい仕事があるはず、もっと私らしく生きられるはず、そう思い込んでいるのです。私らしい仕事に出合えないから、今の私は本当の私じゃない。私らしい生き方ができていないから、今の私は本当の私じゃない。そう言ってる人たちの生活が、私には透けて見えるようです。

このままじゃダメだと言いながら、何もしていないのです。寝ブタみたいに、何もしないでボケーッと部屋の中にいて、棚からぼた餅《もち》を待ってる。ぼた餅だって、見つけたら手を伸ばして取ってくる努力が必要です。そして食べたら口を動かさなければいけません。そのまま飲み込んだら、のどに詰まって死んでしまうのです。

人は誰だって、モヤモヤとした濃い霧に包まれて、叫び、もがき苦しむ時期があります。その霧を自分で吹き飛ばさない限り「本当の私」なんて見えてこないし、「私らしさ」なんて見えてきません。その濃い霧を吹き飛ばす方法はたったひとつ。自分で自分を分析することです。もっとわかりやすく言いましょう。今の自分のことを、隅《すみ》から隅までよく知ることです。そのために、自分のことを全部、表に書き出してごらんなさい。好き嫌い、得手《えて》と不得手《ふえて》、成功と失敗、過去と未来、自分のすべてをです。

最初は大ざっぱに興味があるのは文系か理系か、どんな才能があるか。そこから細分化して興味の方向を探っていきます。また、どんな本や音楽が好きか、どんな洋服が好きか、似合うか、どんなインテリアの部屋に住みたいのか、趣味趣向についても分析。自分の性格の優れていると思う点、足りないと思う点をグラフにしてみるのもいいでしょう。何をしている時が落ち着くか、挑戦してみたいものは何か、あらゆる分野に関する自分のデータを実際に書き出してみるのです。そうすると、イヤでも自分がどんな人間なのか見えてきます。もちろん容姿、容貌も含めて全部です。

自分はいったい何者なのか。人はみな、それを知りたくて生きているのです。それがわからない、見つけられないのは、自分自身の整理整頓《せいとん》が下手だから。今片づけなくてはいけないのは、部屋や引出しの中ではなく自分自身。きちんと整理整頓できれば、あとは自分の方向性や志向に従って、それに必要なさまざまな知識や教養を自分の中に流し込み、咀嚼《そしゃく》して、血肉にして身につけていけばいいのです。

たとえばファッションにすごく興味を持っているとします。そうしたらまず、自分の肌の色から顔の大きさ、肩幅の広さ、背の高低から手足の長さなど身体面のすべてを分析します。そこから割り出すとバッグの大きさも定まってきますし、着衣の色合いも定まってきます。

またチャラチャラとはやりものを着るだけではなくて、洋服の歴史やデザイナーの生き方、素材、染色の技術にまで視野を広げて知識を吸収してごらんなさい。それらの知識がベースになってどんどんセンスが磨かれ、どんなブランドがはやったって踊らされることなく、蹴飛ばしていけるようになります。そうすると今まで周囲に漂《ただよ》っていた濃い霧が嘘みたいに晴れて、「あなた」という明確な人の形になっていくのです。

今の自分から目をそむけずに、冷静に自分自身を分析し、仕分けしてください。書き出した表やグラフは、それは残酷な点数表かもしれません。でもそれを一度認めなければ、自分を変えられないし、好きにもなれません。ましてや「私らしさ」なんて見つかりません。誇りを持てない自分なら、自信や誇りを持てるように努力をすればいいのです。

未来が楽しみです。あなたの表にどんどん色がつき、豊かになり、最高点の形になっていくのですから。

コンプレックスに勝つ

みんな自分のマルの数え方が下手。
クールに自分を見つめてごらんなさい。
マイナスだらけの自分に思えても、
必ずプラスを見つけられます。
優《すぐ》れていると思う点には
二重マルでも花マルでもつけてあげるのです。
それができればコンプレックスとは無縁になれます。

私は幼い頃から、いつも注目を浴びていました。学校へ行くようになると、それはさらに顕著《けんちょ》になり、人がいろんなことを言いました。オトコ女、気持ち悪いヤツ。もうめちゃくちゃな言われ方です。でも私はそれで落ち込んだり、傷ついたりすることは一度もありませんでした。なぜなら一方では、天使のようだ、この世のものとは思えない美しさだと、賛美《さんび》の言葉を浴びていたからです。

傷つきそうになると、ほめそやされる。うぬぼれそうになると、また反対側でけなされる。ずっとこの繰り返し。だから、私はいつもクールにならざるを得なかったのです。人の言うことなんか当てにならない、自分のことは自分で考えなくてはと。そして自分自身を分析し、客観的に見つめるという思考形態ができていったのです。その時に必要なのが理性なのだと、私は幼い頃から気づいていました。

理性を持とう、クールでいよう。そう思っていれば、何があっても感情や情念だけで、わめいたり落ち込むことはありません。コンプレックスだっていとも簡単に吹き飛んでいきます。たとえば私は身長が160センチくらいしかありませんが、それをコンプレックスに思ったり、悩んだりしたことなど一度もありません。背が高ければいいことづくめというわけではなく、小柄なことのよさもあると、冷静に考えればわかってきます。何ごとにもプラスとマイナスがあるのです。マイナスだらけの自分に思えても、探せばどこかに必ずプラスはある。マイナスの存在なんて、プラスがいとも簡単に消してくれます。

悩み相談の手紙や、講演会での質疑応答などでいつも思います。それは、みんな自分のマルの数え方が下手だということです。容姿がバツなら、ほかのすべてもバツだと思ってしまう。そうではなくて、容姿、性格、特技、才能など、ひとつひとつにマルとバツをつけていけば、大きなマルも小さなマルもあり、マルにもバツにもいろいろな大きさがあるとわかるはずです。正しい自己評価で〝個〟を確立させることができれば、他人を見てうらやましがらずにすみ、ねたむこともありません。

数年前に起きた「春菜ちゃん事件」を記憶している方も多いでしょう。加害者の主婦は、自分の子どもと同じ幼稚園に通う春菜ちゃんを公園のトイレで絞殺。春菜ちゃんの母親とは友人だったといいますが、心の底でねたみや羨望《せんぼう》などさまざまな葛藤《かっとう》があり、自分で処理できず犯行に及んでしまったのです。彼女も自分にマルをつけるという理性があれば、あんな悲劇は防げたかもしれません。つまり自分のマルが数えられないのは、クールに自分を見つめることができていないからです。まずは冷静になること。そして優《すぐ》れていると思う点を見つけられたら、二重マルでも花マルでもつけてあげればいいのです。私はそれができているから、いつも自信満々でいられるのです。

自分の幸運の数を数えてごらんなさい

自分は不運だ。そう嘆く人もたくさんいます。ある20代半ばの女性が、以前こんな相談をしてきました。彼女は、自分は何をやってもうまくいかないと言うのです。短大を出たけれど、不況の中、就職が決まらず、やっと採用された小さな会社は2年半でリストラ。普段から自分は運が悪く、洋服を買った次の日に同じ洋服が半値で売られていたり、通信販売を買えば不良品だったり、自動販売機の釣り銭が出てこなかったり、不運な出来事は挙げればキリがなく、仕事も友人も彼氏も運もない、こんなないないづくしの人間に春が訪れることはあるのでしょうかという相談でした。

洋服を買ったら、数日後に同じものが半額になっていて悔《くや》しい思いをしたこと、私にもありますよ。自動販売機の釣り銭が出なかったのは、彼女だけでなく、その前後の人も同じだったかもしれません。それで「自分は不運な人間だ」と嘆き落ち込む人がどれだけいるでしょう。彼女の言う〝不運な出来事〟とは、誰もが経験する偶然。それが重なっただけなのに、わざわざその体験を数え挙げて悲運のヒロインになっている。バカバカしいったらありません。ただの被害妄想《ひがいもうそう》です。

彼女はものごとがうまく進まないから、劣等感のかたまりになってしまった。そしてそれを自分の持って生まれた運のせいにし、不運の数ばかり数えています。しかし彼女にも幸運な出来事はあるはずなのです。短大にも行けない人がいるのに自分は行けたし卒業できた。高くても洋服を買うお金がある。仕事や友人の厄介な問題に煩わされず、ひとりで自由を満喫できる。なのにそれをカウントしないで不運ばかり数えてる。冷静になって数えてみれば、不運より幸運のほうが案外多いもの。出かける直前に雨がやんだ、通勤電車で座れた、商店街の抽選に当たった。そんな些細《ささい》なことでも、人は十分に幸福を感じます。人間ってそういうものです。

不運だ、ついてない。そう嘆いていると、その言葉や思いがその人にまとわりついて、余計に不運を呼び寄せます。そういう人は自分で自分を縛《しば》って、生きながら自縛霊《じばくれい》になっているのです。そんな怖い人に、誰が寄ってくるものですか。友達だって、男だって、よけて通るでしょう。自分の祟《たた》り神は自分自身なのです。それをわからず勝手に落ち込んで、浮遊霊のように漂《ただよ》ってる人が多いのです。霊にもいろいろあるけれど、浮遊霊はいちばんみっともない。怨霊《おんりょう》のほうがまだマシです。「祟ってやる！」というガッツのエネルギーがあるんですもの。

昔はみんな生きるのに精いっぱいで、自分の運だとかコンプレックスだとか、そんなことを悩んでる暇はありませんでした。今はみんな贅沢です。なんの努力もしないで、ただ自分の悩みに埋没している。文句ばかり言っていてもダメなんです。行動を起こさないと何も始まりません。

人生の岐路《きろ》に必要なもの

人生の岐路にさしかかった時、
人間にとっていちばん大事なのは理知。
冷たい理性と知性です。
いちばん邪魔になるものが感情、情念、センチメンタル。
それらを徹底的に切り捨て、何が今の自分に必要か、
クールにクールに考え抜くのです。
お酒なんか飲んでもムダ、おしっこになって出ていくだけ。
答えなんて見つかりません。
悩むことと考えることとは違います。

誰の人生にも重要な選択を迫られる時があります。受験、就職、転職、結婚、離別……。

私にも多くの経験があります。『ヨイトマケの唄』を世に出そうという時もそうでした。10代でシャンソンを歌い始めた頃から、私は衣装を自分で作っていました。衣装を買うお金などなかったし、そもそも着たい服が世の中になかったからです。元禄《げんろく》文化にヒントを得て作った、レースやサテンをあしらったユニセックスな服。当時は手に入れるのも難しかった紫色の生地を染めて作った、紫づくめの服。その服で銀座を歩き、〝紫のオバケ〟なんて言われたりもしました。私のファッションは世間の注目を集め、ファッション革命とまで呼ばれたのです。そして1957年の『メケメケ』の大ヒット。私はゴージャスで独創的なファッションでステージに立ち歌いました。

しかし、その後リリースした『ヨイトマケの唄』は、肉体労働者の生活や境遇、親子の愛情の歌。それまでの日本になかった人生歌、新しい種類の歌です。この歌を日本の民衆のためにも定着させなければいけない。そのためにはどうすればいいのか。私は考え抜きました。そして決断したのです。今までのように毛皮や宝石を身につけて歌うのはやめよう。歌にふさわしくない。華やかな仕事はもうこなくなるかもしれないけどしかたがない。私はリスクを承知のうえで、素顔にかすりの着物か白いワイシャツ姿でこの歌を歌いました。その結果、この歌はプロテストソングとして世に広まり、やがて私はシンガーソングライターの元祖と言われるようになったのです。

人生の岐路《きろ》にさしかかった時、たいていの人は悩み、嘆いて飲みに行きます。カラオケで歌います。わめきます。でも、お酒なんていくら飲んだって、おしっこになって出ていくだけ。何も答えは出ません。エネルギーと時間とお金の無駄遣いです。そういう時、人間にとっていちばん大事なのは理知。冷たい理性と知性です。そして、いちばん邪魔になるものが感情、情念、センチメンタル。それらを徹底的に切り捨て、何が今の自分に必要なのか、それを将来どう役立てていくのか、クールにクールに考え抜かなければいけないのです。

悩むことと考えるということとは違います。悩むというのは、苦しんで同じところをぐるぐる回るだけで、心身のエネルギーと時間とお金の無駄遣いというだけです。一歩も前進はなく、問題は何ひとつ解決するわけではありません。

理知を持って考えるというのは、何も難しいことではありません。つまり冷静に自己分析や状況分析をするということです。子ども時代の成績表を見るなり、何が得意だったか思い出すなりしてごらんなさい。人間には誰にも何かしら取り柄《とえ》があるのです。力持ちだとか、健康だとか、数字に強いだとか。それが道を開くヒントになります。

たとえば、就職や転職で悩んでいるとします。人よりも細かなことに気づく性格ならば、それを生かしてサービス業で力を発揮できる人もいるでしょう。「あなたは私のこと、どう分析してる?」と信頼できる友達に尋ねてみるのも、社会全体の動向を細かく分析するのもひとつの方法です。

何も考えないでラクをして、ほしいものがすぐに手に入る。そんな都合のいいことは、この人生にはありません。でも多くの人はすぐに願いをかなえたい、つらいのはイヤだと思います。そこでグッと我慢して、静かに自分と向きあってみる。自分を棚卸《たなおろ》しして、自分が生まれてからこの方、歩いてきた道すがら、起こった出来事、生きざま、そのひとつひとつを思い出し、分析し、多角的に答えをいろいろ当てはめていくうちに、自分が選ぶべき道、歩くべき道がだんだんとはっきり見えてくるものです。それが理知というものです。

自分で自分のこともわからない、有機物だか無機物だかわからない、そんなフラフラした生き物のままでは、迷子のまま人生を終わってしまいます。ただ本能に任せて刹那的《せつなてき》に生きていると、あとでえらい目にあいます。

愛の言葉

上質な女とは

10トンや20トンもあるメガトン級に重く暗い女は、
捨てられる魅力にあふれています。
中身が明るく軽快でスタイリッシュでなくては、
相手の心をとりこにはできないのです。
悔《くや》しかったら、力を抜いて
美しい行動をとってごらんなさい。
煩悩《ぼんのう》を理性で整理したすっきりした女。
それが美しく、カッコいい、上質な女というものです。

私がコンサートで必ず歌う歌があります。フランスを代表するシャンソン歌手、エディット・ピアフの『愛の讃歌《さんか》』です。

ピアフは若い頃は育ちが悪く、わがままで、淫乱《いんらん》で、どうしようもないと言われた女でした。だけど全身全霊で好きな男を愛し抜きました。イヴ・モンタン、マルセル・セルダン、そして最後の夫となったテオ・サラポ。そのひとりひとりに純粋な愛を注いだのです。そこには金銭的なものや仕事や生活や将来のための打算や計算や「だました」「裏切った」という醜《みにく》い意識はかけらもない。ただひたすら恋と愛があるだけ。だから、男たちは別れた後も、誰ひとりとして彼女を恨《うら》まなかった。彼女は決して美人ではなく、スタイルも悪いほうだったけれど、スペシャルランクの女でした。

「私をだました彼が憎い」「裏切った彼に復讐《ふくしゅう》したい」。恋愛の悩み相談でよく聞く言葉です。まず、こういうふうに考える女は、しつこい、うざったい、暗い、野暮《やぼ》。つまり、重いのです。10トンや20トンもあるような、メガトン級に重ーい女。こういう女は後で誰かに出会って恋をしても、次から次へと必ず捨てられます。心の奥でこんなおぞましいことを考えているからです。当然、悪相になり、老け込み、醜い女になります。捨てられる魅力を東京ドーム100個分ぐらいにあふれたたえさせた女になっていくのです。

反対に、捨てられない女というのは、明るくて、軽《かろ》やかで、慎《つつ》ましやかで、真面目でかわいらしく、ちょっとすっとんきょうなところがあって、高飛車に偉ぶらない。いい恋に出合いたいなら、自分にはどっちの要素が多くあるか、まず分析してみることです。

男はこう、女はこう。そんなふうにどんぶり勘定《かんじょう》ですべてひとくくりにしてものを言うのは、私は大嫌い。だけど、ただひとつ言えるのは、女は被害者になりたがり、男は加害者でいたがるということです。男はコンプレックスとうぬぼれが強いから、悪いことしちゃったなと思いたい。自分が被害者だなんて、思いたくないのです。女はその逆。被害者でいるほうがメリットがあることを本能的に知っています。悲劇のヒロインになれる、世間が同情してくれる、慰謝料《いしゃりょう》もたくさんもらえる。そして自分がつくり出した被害者意識を引きずって、相手を憎み、恨むのです。

昔、こんなことがありました。友人だった赤木圭一郎とドライブをしていた時のことです。

海に着くと彼は車を降りました。そしてひとり海を見つめているのです。当時、彼は俳優として人気の絶頂。スターにしかわからない悩みや苦悩があったのかもしれません。そんな後ろ姿でした。私は車の中に残り、ひとりタバコをふかしていました。しばらくして戻ってきた彼は私にこう言ったのです。「どうもありがとう。ひとりにしてくれて」。

こんな時も野暮な女は「どうして私に相談してくれないの」「私をひとりきりにしてひどい！」と文句を言うでしょう。その言葉が相手にどう響くか、相手はどんな心境なのかおかまいなしに。何も言わないことが、ひとりにしておいてあげることが思いやりになることもある。それがわかっていないのです。

女のランクは、洋服や化粧で飾るだけで上がるものではありません。中身がスタイリッシュでないと、相手の心をとりこにはできないのです。すぐに人を非難し、醜い行動をとる女。それは二流の女です。悔《くや》しかったら、美しいしゃれた行動をとってごらんなさい。傷つけたいほど恋してしまった相手にこそ、あか抜けた優雅《エレガンス》を持って接するのです。煩悩《ぼんのう》を理性で整理した、すっきりした女。それが美しく、カッコいい、上質な女というものです。

色気のある女

この人は自分に恥をかかせることはないだろうな
と思わせる言葉、態度。
日常のさりげないしぐさで伝わる
上品な優しい雰囲気。
それが色気の正体です。
エロと色気は違います。
見える部分を繕《つくろ》って勝負をかけても、
男はいとも簡単に見抜きます。

色気とは、やはり生まれ持ったものなのでしょうか。自分でつくれるのでしょうか。よくこんな質問を受けます。ある女性は「お前には色気がない」とつきあっていた男性に言われ、別れてしまったそうです。彼女が言うには、自分は特に言動ががさつというわけでもなく、趣味も料理や手芸、読書と女らしいほう。お化粧もし、身なりも整えているのに、なぜなんだろうと言うのです。

この女性に限らず、色気というものを誤解している人はたくさんいます。彼女の場合、まずおかしいのが「趣味も料理や手芸、読書と女らしいほう。お化粧もし、身なりも整えているのに」と考えている点です。料理ができれば色気があるのですか？　化粧をすればそれだけで色っぽくなれると思っているのでしょうか？

料理や化粧と色気は無関係。色気とは、たとえば突然後ろから肩をポンと叩かれた。その時、振り向きざまに、「何よ！」と言う人は色気のない人。ニッコリ笑って「なぁーに」と言える人が色気のある人。つまり色気とは、「この人は自分に恥をかかせない人だな」と感じさせる思いやりにあふれた上品な優しさをいうのです。

自分が人からどう見られているか、気にならない人はいないでしょう。しかし、なんの努力もしないで、ただ人をうらやましがる人が世の中には多すぎます。色気とは持って生まれたものでもあるけれど、訓練でにじみ出てくるものでもあります。その訓練の場は日常にたくさんあるのです。

たとえばお茶を入れるにしても、しずくがこぼれないように器《うつわ》をふいたり、テーブルが傷つかないようにそっと静かに置いたり。手にしたものや見えるものすべてに思いやりを持っていれば、それを見ている相手も自分が大事にされていると感じます。その優しさが見えない膜《まく》になって相手に伝わるのです。人が色気を感じるのはそんな瞬間です。

男は、女はいいモンだと思い込んでいるのです。だから、女ひとつで一生を棒に振る男が山ほどいます。男心をつかみたいなら、そんな男の生理を理解し、計算すればいいのです。たとえば、セーターひとつにしても、どぶネズミ色じゃなく、淡いピンクやベージュの肌に近い色で、オッパイの形が強調されるデザインのものを着てごらんなさい。靴もどた靴ではなく、足首がキュッと締まって見えるものを選ぶのです。女性の体に備わっている丸みや柔らかさに、逆らわなければいいだけです。たったそれだけのことでも、男には十分なアピールになります。なのに必要以上に肌を露出したり、こびた表情をつくったり、見える部分を繕《つくろ》って勝負をかけようとするからさもしくなるのです。つくられたそんな色気は、男はいとも簡単に見抜きます。

「色気のある女になりたい」と思うのなら、自分を美しく見せようという意識、些細《ささい》な行動にもいたわりと思いやりをこめる生活習慣を忘れないことです。恋人がいるいないに関わらずです。男を追いかけるより、男に追われるにはどうすればいいのかということに頭を使うのです。

一度、女としての存在を認められれば、自信をなくすことも、人をうらやむ気持ちも消えてしまいます。たったひとりの賛美者が現れただけで、女はその瞬間から輝き出すのです。

幸せの意味

幸せとは充足感。
これ以上何も望むものはないとしみじみ思う気持ち。
しかし、一度手に入れたからといって、
永久不変に維持できる固形物ではないのです。
永遠に幸せでいる方法はたったひとつ。
感謝の心を忘れないことです。
そうすれば、幸せはいつでも、いくらでも
自前で調達できます。

世の中には幸せに関する本がたくさん出版されています。『幸せの見つけ方』『結婚して幸せになる』……。本屋さんは幸せの大安売り。だけど、幸せとはいったいなんなのか。その実態をつまびらかにしたものを、私は目にしたことがありません。

たとえば恋人ができたとします。好きで好きでしかたのなかった人が振り向いてくれた。うれしくてたまらないでしょう。だけど毎日会ってセックスして、彼の裏も表も知ってしまうと、半年もたてば飽きてきます。つきあい始めた頃の高揚感《こうようかん》は、薄れてしまうんです。憧れのクルマやマンションを手に入れた場合も同じ。いずれは飽《あ》きがきて、次のがほしくなる。泡のように消えてしまう、うたかたのもの。それが幸せというもののあり方なんです。

一度手に入れた幸せが、同じ濃度、同じ密度でずっと続くと思ったら大間違いなのです。幸せ！ うれしい！ そんなハイテンションな感情が何日も続いたら、人間、おかしくなってしまいます。だから幸せになりたいと願うなら、幸せというものの意味を知らなければいけません。

幸せとは〝充足感〟です。これ以上何も望むものはないとしみじみ思う気持ち。満ち足りているという感情。あくまでも「感じる」もの。しかし、一度手に入れたからといって、永久不変に維持できる固形物ではありません。

にもかかわらず私の人生は幸せだらけです。「幸せ！」という瞬間は日々の中で数えきれないくらいあります。それは舞台に立っている時、おいしいお茶を飲んだ時。10代の貧乏だった頃、お風呂なんて10日に一度しか入れなかった。しかたないから公園で顔を洗って、それでおしまい。今でもお風呂に入るたびに、あの頃の苦しさを思い出します。だから温かいお湯の中で手足を伸ばした時、「あぁー、幸せ」といつも感じることができるのです。

ずっと幸せでいる方法がたったひとつあるとしたら、それは感謝する心を忘れないことです。食事がおいしくいただけること、好きな人に会えること、生きていられること。なんでもよいから、感謝する心があれば、自前でいつでも、いくらでも幸せを調達できます。

しかし現代人は感謝の心を忘れがちです。一日に何回も携帯電話で話し、メール交換。いつでも愛する人の言葉が聞ける。なんて幸せなことでしょう。だけどその幸せに感謝している人なんていやしないでしょう。むしろ携帯電話という文明の利器が人の幸せをむしばんでいます。彼の携帯電話が留守電になっているだけで怒ったり、もしかして誰かほかの人と会ってるんじゃないかと勘《かん》ぐったり。

食べたいものは電子レンジでチン。煮炊《にた》きしたようにおいしいものが簡単に手に入る。インスタント時代に育ってきた今の人たちには、電話に出ない相手を待っていること自体が理不尽に感じられるのでしょう。すべてが機能性、利便性、経済効率本位。恋愛もその範疇《はんちゅう》にあるはずだし、そうじゃないのはおかしい。だから、ムカツク！　ってことになる。怒りがトサカにきた瞬間、どす黒い嫉《しっ》妬《と》の炎が渦巻きます。心は真っ黒け。一瞬にして不幸のどん底に落ちていきます。

そういう時はこう考えるのです。今、電波の届かないところにいるのね、忙しくしているのかな。そして次に相手が出た時は、「どこにいたの！」なんて言わないで、「ああ、無事でいてくれたんだ」と思っていればいいのです。常に感謝、思いやりの心に切り替えるくせをつけるのです。なかなかむずかしいことですけれどね。

放っておくと人間は不平不満ばかりにとらわれてしまいます。テレビや週刊誌のネタは悪口やスキャンダルばかり。悪いほうへ悪いほうへものごとを考えなさいと、人を誘導しています。みんな不幸のネタに囲まれて暮らしているようなものです。

だからこそ自己防衛が必要。どす黒い感情や不幸の土砂に流されてしまいそうになったら、まず体から変えるのです。鼻から息をゆっくり吸ってはき、呼吸を整える。背骨だけはまっすぐにして、体中の力を静かに抜く。すると理性が戻ってきます。大変だと思っていたことが半分になる。自分のすぐ隣に存在する幸せを見つけられるでしょう。心と体にこの習慣をつけてごらんなさい。幸せの瞬間はもっと増やせます。幸せの不感症にならずにすむのです。

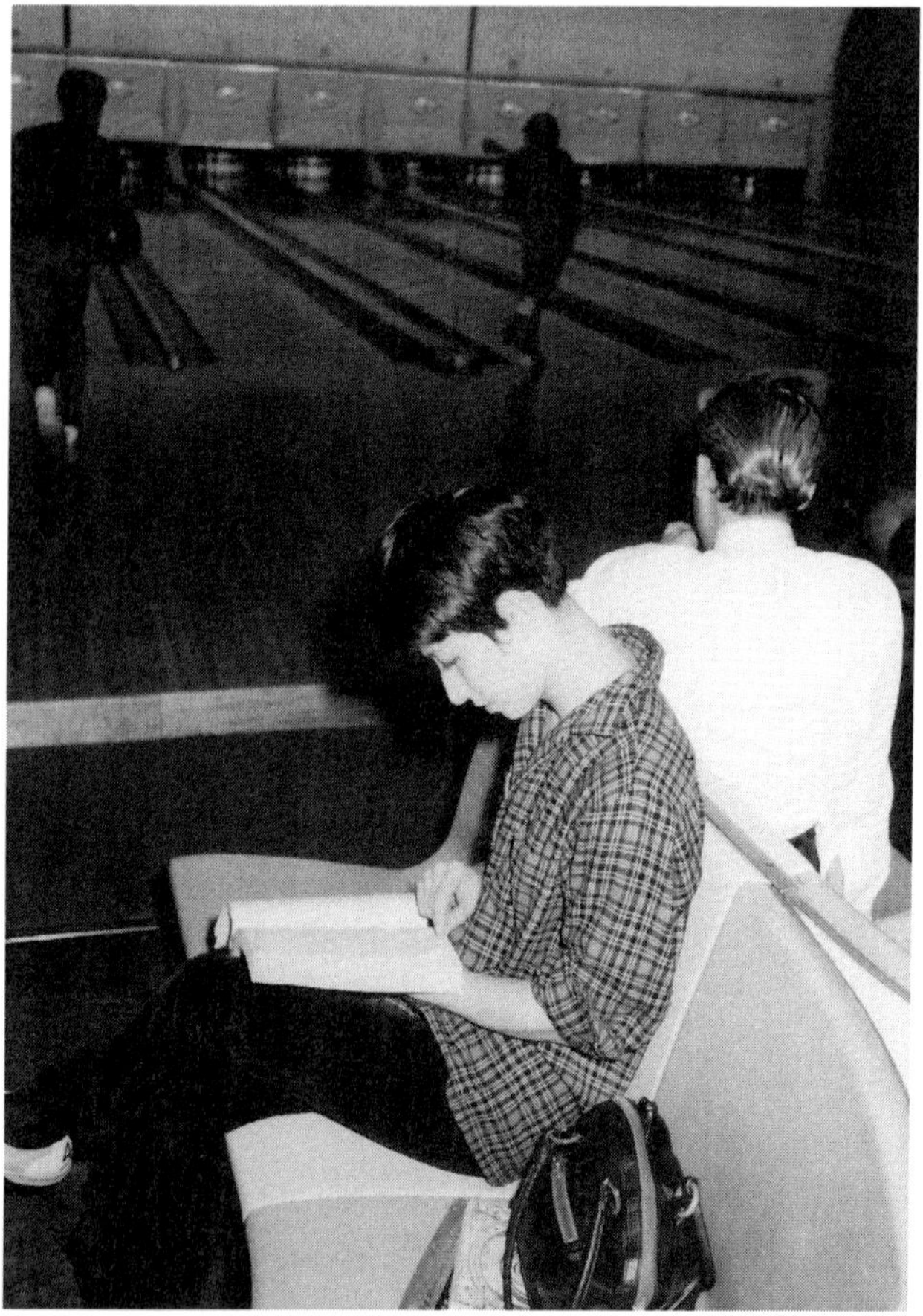

自分を磨く

若さは一瞬のものです。
本当に考えなくてはいけないのは、
オバサンになってからの時間のほうが長いということ。
そして、それをどう美しく生きていくか。
人間は骨董品《こっとうひん》のタンスと同じ。
手間暇《てまひま》かけて作られたものは
時間を経ても愛され続けるのです。
自分を磨く時間を惜しんではいけません。

女性誌では毎月のように美に関する特集が組まれています。美しくなりたいという欲求は、人類始まって以来変わらずあります。それが本能だし、女心。容姿に自信が持てないなら整形も結構。豊胸、脂肪吸引、どうぞご自由に。ただ、きれいになる方法の選び方がみんな〝お手軽〟です。お金さえあれば誰にでもできることをやっているだけなのです。

「美しい」と「若い」は同義ではありません。今は若くてピチピチの20代でも、何年かしたら老けてきます。30歳過ぎたらシワもできるし、オッパイもたれて立派なババアです。今、人生は80年。その時間の中で「若さ」がもてはやされるのは、ほんの数年のことなのです。オバサンで生きていく時間のほうがうんと長いのに、みんなそれに気づいていません。若いことが女の価値だと社会全体があおっていますが、本当に考えなければいけないのは、オバサンになってからの時間をどう美しく生きていくかです。

たとえばヨーロッパの女性は、洋服を買う時に「30歳を過ぎても着られるか」ということを考えて買います。家具や食器も長く使えるものを真剣に選ぶのです。そうすると美意識が育ち、思い出も増え、ムダな買物はしなくてすむからお金も貯まり、心も豊かになる。いろんなものがどんどん自分の中にたまっていきます。

しかし、今の日本はすべてが〝使い捨て〟文化。使い捨てのものばかり買っているから思い出も残らない。そして自分の生きてきた時間までも使い捨ててしまっているから、中身はたまらないし、恋も深まらない。その場限りでお手軽。こんな空虚《くうきょ》な使い捨て人生を送ってしまっている人が多数です。

近代文明はたくさんの利器を作り出し、生活を便利にしました。しかしたくさんの怠け者もつくってしまったのです。文明がまだ発達していない頃、人間は知恵を絞り出し、手をかけ、時間をかけ、創造物を生み出してきました。たとえば骨董品《こっとうひん》のタンスひとつでも、隅々《すみずみ》まで手をかけ、細工を凝《こ》らして作られたものだから、時代を経ても美しく、価値があり、使う人を喜ばせる。それは人間も同じこと。自分に手をかけて生きてきた人は、長もちするのです。私が50年以上も芸能界でやってこられたのは、若い頃も今も、とことん自分に手をかけているからです。

私が歌手としてデビューしたのは17歳の時。だけど仕事がなくて喫茶店のボーイやキャバレーの呼び込みをしてお金を稼《かせ》いでいました。貧乏のどん底で、その日の食事代や電車賃もままならない。そんな飲まず食わずでも、私は本が読みたかったし、演劇や音楽に触れたかった。手に入ったお金は迷わずフランス語、モダンバレエ、日舞などのレッスン代に使いました。お金と時間のすべてを自分磨きに費やしたあの経験が肥やしになり、私は歌う音楽のジャンルもポピュラー、タンゴ、ラテンにまで広げることができました。そしてあの時の努力がシャンソン歌手として花開かせてくれ、今も舞台に立たせてくれているのです。

自分に手をかけるとは、そういうことです。

音楽ひとつとっても、ロックしか知らない人よりもたくさんのジャンルの音楽を知っている人のほうが楽しいに決まっています。今日はジャズを聴いていた女が、次の日にはクラシック、また違う日には長唄。そうなると会うたびに新鮮だから、男は「面白い女だ」と大事に扱い、手放せなくなります。若い時こそ、手間暇《てまひま》かけて自分を磨くのです。自分を太らせていく方法を知っていると、50歳、60歳になっても人生を自分ひとりで十分楽しんで生きていけます。

世直し対談2

及川光博×美輪明宏

「個」で生きる勇気

及川　僕が初めて美輪さんを知ったのは小学校の頃。親と一緒に『※黒蜥蜴《くろとかげ》』の映画をテレビで見たんです。それからずっと美輪さんのことが心に引っかかっていました。

美輪　まあ、ずいぶん早熟だったのね。

及川　美輪さんという存在ももちろんだけど、作品世界や表現アプローチにひかれていましたね。江戸川乱歩を読んで、明智小五郎になりたいと思っているような少年でしたから。

美輪　あら、黒蜥蜴になりたいとは思わなかったの？

及川　そうなんですよ。そこが美輪さんと僕の表現アプローチの違いなのかもしれない。

美輪　私は子どもの頃から黒蜥蜴とかそういうものになりたいと思ってた。あなたは明智小五郎だったのね。同じように乱歩や三島由紀夫を読んでも感じることが違うなんて面白いわね。同じ耽美派《たんびは》なのにね(笑)。

及川　初めてお会いしたのは※トークショーでしたよね。僕はいつか美輪さんに会うだろうと予感していたけど、いざ会えるとなると緊張してしまって。あの日は僕の人生において一大事でした。

美輪　あなたのことは『※マツモトキヨシ』のCMで知って、面白い粋なセンスを持ってる人だと思ってたの。その後、何かの番組で話しているのを見て、非常に知的人種だと感じてた。初対面ですぐにわ

映画『黒蜥蜴』
1968年の作品。監督・深作欣二を抜擢したのは美輪さん本人。江戸川乱歩の原作を戯曲化し、美輪さんに舞台出演をすすめた三島由紀夫氏も「日本青年の生人形」の役で出演している。

及川さんの熱烈なラブコールにより2000年にトークショーが実現。楽屋へ挨拶に来たいと申し出た及川さんに、「あらかじめ会っていながら舞台で『はじめまして』なんて空々しいからやめましょう」と美輪さん。舞台でお会いし舞台上が正真正銘の初顔合わせになったというエピソードが。

かりました。あなたは世間から誤解されてる、枷《かせ》を負わされてるって。

及川　ああ……。

美輪　マスコミはあなたのことを「王子」「ミッチー」とこぞって取り上げたけど、ほとんど色ものに近い扱いだった。だけどあなたと話していると哲学者や詩人の名や言葉が教養豊かに出てくるじゃない。漢字もろくに読めない人間が多いこの芸能界で驚きよ。「この人はもっとレベルの高い芝居の世界にいける人だ」と感じたの。だから今回『毛皮のマリー』※の欣也《きんや》役をお願いしたのよ。

及川　僕はよく思うんですけど、大衆芸能と大衆芸術は違うと。僕がやりたいのはあくまでも大衆に向けての芸術。

美輪　そうね。大衆芸能のほうは吉本新喜劇にまかせておけばいいもの。

及川　だけど、世間は僕のことを、お笑いタレントのように思ってる節があって(笑)。舞台演劇やアマチュアバンドを経て、おかげさまで26歳でデビューできたものの、けっこう悩んでましたね。どうしたら自分と社会との折りあいをつけられるのだろう、世の中とうまく向きあえるんだろうって。でもそれは僕だけじゃなく、すべての若者が感じるべきことだと思っているけど。

美輪　自分という存在をどう認めてあげるかということね。

及川　実を言うと初めて美輪さんにお会いした頃って、僕、精神的にすごくきつ

マツモトキヨシ
1997年放送。王子様の役で登場したこのCMをきっかけにミッチーは大ブレイクした。

舞台『毛皮のマリー』
美輪さんが、男娼・マリーに育てられた美少年・欣也役に及川さんを抜擢。2001年に上演されたこの舞台がふたりの初共演になった。

い時期だったんです。

美輪　「王子様ミッチー」を演じなきゃいけないというサービス精神と、どうせ自分の芸術性なんて理解してもらえっこないっていう世間への闘争本能がない交ぜになってた。推測すると、そんな感じでしょ。

及川　い、いや、まさにそのとおり！　表現することに意味も価値もないんじゃないかって思い始めちゃった。ファンにさえ僕のやってることが浸透しているのか実感できなくなってた。くじけそうだったんです。でもそんな時、美輪さんに会えた。美輪さんは経験値からしても圧倒的に高いところにいる人で、時代背景からいっても僕よりも風当たりは強かったはず。そんな時代を生き抜いてきた美輪さんのパワーに触れることができて、僕は救われたんです。

美輪　救った覚えなどござりやへん(笑)。

及川　苦しくない人生なんてないと思うんです。でもうまく世の中と向きあえないからって迎合してしまったら、一生敗北感を伴って生きていかなくちゃいけない。まずは自分を肯定してあげること。幸せは自己肯定からしか始まらないと気づいたんです。

美輪さんが〝道〟を開拓してくれた

及川　昨年『オヤジぃ。』というドラマに出演したんです。ゲイの青年役でした。思ったとおり、周囲から言われましたよ。

「ミッチーはやっぱりゲイだったんだ」って(笑)。

美輪　ブサイクな人だと言われないのよ。美しい人がやるとそう言われるの。ホント世間って単純な思考回路。

及川　でも僕は全然傷つかなかった。自分自身を肯定できていれば、多少危険を伴う役どころにも潔く立ち向かっていける。数年前に比べてタフになったと思います。それに僕は美輪さんという先駆者を見てるから。これからどんな困難があったとしても、本当の意味のいばらの道じゃないんですよ。美輪さんがすでに通って開拓してくれた道なんです。

美輪　あなたを取り巻く周囲が、今「あれ?」って思い始めてるのよ。※シリアスなドラマも映画もできる。こいつはいったいなんなんだって。でもあなたはデビューしてまだ5年でしょ。イメージを払拭するまでの時間が早かったわよ。私なんて何十年かかったことか! 20代で元祖ビジュアル系ファッションやシンガーソングライターのはしりをやってマスコミの話題になったでしょ。でも私がイデオロギーや理念をいくら話してもすべて抹殺。本当に言いたいことは取り上げてもらえず、結局、オカマだゲテモノだと書かれるだけ。三島由紀夫さんや寺山修司さんと芝居をやっても、あれはまぐれだとか、いつか馬脚を現すとか、ずっと言われてきた。私はいつかそれをひっくり返してやろうと思って戦ってきた

※98年『WITH LOVE』でドラマ初出演後、2000年には、NHK『晴れ着、ここ一番』やTBS系の日曜劇場『オヤジぃ。』など話題作に起用され、役者ミッチーに一躍注目が集まった。独自の存在感には映画界からも熱い視線が。三池崇史監督『漂流街』で映画初出演、竹中直人監督『連弾・デュオ』でも好演。

の。やっとここ6、7年ですよ。世間が私を理解し始めたのは。

及川　ふぅ……。それって、30年とか40年っていう長い戦いですよねぇ。

美輪　そうよ。それだけ長い時間、戦ってきたの。そうやって戦い続けられたのは、私がいつも自分を肯定できていたから。自分を肯定できていれば、自然に敵と戦うエネルギーもわいてくるのよ。

及川　誰でもそうだと思うけど、不幸せになるために生きているわけじゃないですよね。少なくとも僕はどんなに苦しくても幸せになるために生きている。でも美輪さんみたいに40年も戦う度胸、僕にはないと思う。ホントに……。

美輪　私はそういう厳しい時代を生きてきたけど、自分はいい時代に生まれたと思っていますよ。だいたい都合がよすぎると思わない？　戦争によって常識がくつがえり、封建主義が民主主義にとって代わるその真っただ中にいたんです。しかも私は長崎で被爆しています。人類史上、原爆が落とされた街は世界でたった2カ所なのに、そのうちのひとつに私はいたのよ。そして戦前の洗練された本物の美や文化が、戦後のインチキ文化に変わっていくのを目の当たりにした。比べるものをたくさん持てるいい時代に私はギリギリで生まれたの。それにちょっと遅くても早すぎても、三島さんや寺山さんといった芸術家※たちと出会うことはできなかったでしょうから。

※美輪さんが三島由紀夫氏に出会ったのは16歳の時。その後、シャンソン歌手としてデビューした『銀巴里』で、寺山修司、江戸川乱歩、遠藤周作、吉行淳之介、川端康成など、さまざまな分野の芸術家たちと交流を持った。

「個」で生きて、〝珍しい小鳥〟になるのよ

及川　僕が美輪さんをうらやましいと思うのは、三島さんや寺山さんという偉大な方々と「才能のつながり」を持っているところなんです。僕はそういう関係に憧れて、おしつけがましいほどに同世代のアーティストのコンサートに足を運び、呼ばれてもいないのに打ち上げに参加したりしてた。今生きてる時代だからある、この芸術のいぶきを、同時代の才能と構築したいと思って。友達というか出会いを求めて(笑)。でも、なかなか難しいんですよ。企業が壁をつくってしまったりして。美輪さんにはそれがない。感性と才能で人と渡りあってきた。

美輪　私は「個」で生きていますから。「個」とは、個人の「個」であり、孤独の「孤」。私は昔から多くの芸術家たちに「君はフランス向きだよ」って言われたし、事実、フランスへ行くと日本の比じゃないくらいもてるのよ。それは私が「個」を貫いているから。向こうでは誰かのコピーっていうのは最も軽蔑《けいべつ》されるんです。以前フランスへ行った時、行きつけのカフェで私に言い寄ってきた男がいたのね。いつも女をはべらせてるとてもハンサムな男。でも私が知らんぷりしたからプライドが傷つけられたんでしょうね。何度もしつこく言い寄ってきた。「あの子たちのところへ帰りなさい」と

私が言ったら、「あの子たちのお代わりはいくらでもいる。でもあなたの代わりはいない。あなたは〝珍しい小鳥〟だ」って。

及川　珍しい小鳥。そんな存在にどうしたらなれるのか……。

美輪　だから「個」でありさえすれば簡単なことなのよ。私もそうだけど、及川君もひとりで戦っているでしょう。そこがいいなと思うわけ。しかもユーモアがある。自分で「僕は王子様です」って、今まで誰がそんなこと言えましたか？　どう見ても冗談って人ならいたでしょうけど、王子様そのものみたいな素材の人が、自分からそう言う。世間の裏の裏をかいて、あなたは「個」を確立したのよ。

及川　たくさんの人がアーティストを肩書にしているから、僕はアーティストを捨てて王子になった。世間に迎合することなく、かといって自分をおとしめることもなく。あれは自分なりに納得できる折りあいのつけ方だったんです。

美輪　それで最初は孤立したでしょう。でもそこでふんばらなきゃ「個」は育ちませんよ。ひとりでいられないってことは、何かに振り回されてるってことです。

及川　たとえば洋服ひとつでも、自分で選んでるようで、実は偏った一部の情報によって選ばされてるってことがありますよね。今の時代ってコマーシャリズムやマスコミの発言が、自分の未来さえ自分で選ばなくさせてるところがある。

美輪　そのお仕着せにはまらないと不安になる人が多いのよね。

及川　だとしたら、いつまでたっても自分らしさとか個性は芽吹いてこないと思う。みんな、もっとエゴを貫いてもいいんですよね。ただ利己主義で、わがままなだけでなく、それに教養とか、知性とか、うーん、愛？　とかをプラスしていって、美意識のレベルまで昇華させることができれば、その人は強く生きていけると思う。

美輪　思いやりや秩序もプラスしていけばね。

及川　お金で買えない系のものを、もっと自分の意識や生活の中にプラスしていくってことですね。

自己肯定できなきゃ人は変われません

美輪　少し、舞台『毛皮のマリー』についてお話ししましょうか。及川君は美少年※・欣也をどう演じようと考えている？

及川　僕は普通の役者さんとやっぱり少し違うのかなって気づいた。自分にシンクロできるメッセージがないと演じられないとはっきりわかったんです。だから欣也もそういう視点で掘り下げていくと思います。

美輪　たしかに共感も大切ね。でももっと大切なことを教えてあげましょうか。自分の体内に何十兆の細胞があることを知るということ。

美少年・欣也
ミッチー演じる欣也は、男娼である母親・マリーによって世間から遮断され純粋培養されて育つ。欣也とはつまり作者である寺山修司氏の分身で、マリーは寺山氏の母・寺山はつさん。欣也の持つ永遠の少年性と悲しさを、ミッチーは半ズボンをはいて熱演した。

及川　……何十兆の細胞??

美輪　あなたには両親がいるでしょう。両親それぞれにも両親がいる。これであなたの先祖は6人ね。そうやって3代、4代とずっと先祖をさかのぼって書き出してごらんなさい。画用紙の上に、何百何千ってびっくりするくらいの人間が現れるのよ。及川光博というひとりの人間の体には、これらの人たちから受け継いだ素質や才能や想いがぎっしり詰まってるの。さまざまな種類の人間の可能性をひとりで持っているってことなの。

及川　そう考えるとすごいスケール。

美輪　だから役者という仕事なら、何十兆の細胞の中から欣也という人物を構成するためにほんの何人かをチョイスすればいいの。美少年といったっていろんなタイプの人間が同時に存在する美少年ですから。私が演じるマリーもそうだけど、たったひとりの誰かと思ったら大間違い。

及川　へぇ、そうなのか。僕は演じるってことは、肉体はままならないけど、ありもしない人間をつくり出す作業なのかなと思ってた。

美輪　違うのよ、自分の中にいるのよ。その中の何人か分を呼び出すだけなのよ。呼び出しをかけるの。

及川　美少年は僕の中で呼び出されるのを待ってるんだ。

美輪　そうよ。つまり自分を否定してしまいそうな時、好きになれない時、体内にはほかにもっと素敵な人間がたくさんいると考えればいいの。そしてその可能性を引き出すんです。人間にはすべからく平等に、変われる可能性があるということです。自己肯定の最たるものは、そこに気づくということなんですよ。

及川　僕はコンサートに来てくれた何千人のベイベーたちに「この世でオンリーワン！」って叫ぶんです。するとみんな僕に向かって「イエーイ！」って盛り上がってくれる。でも必ずその後に「みんなひとりひとりがそうなんだよ」ってつけ加えるの。というか言わずにはいられないんです。

美輪　全員がそういう自覚を持っていれば、自己否定とか自己嫌悪とかコンプレックスを感じる必要はさらさらないのよ。

それをさ、毎日なーんにもしないである日突然、素敵な自分に変わっていたいだなんて。

及川　棚からぼた餅《もち》はありえないよ。

美輪　幸せに出前はないの。

及川　なるほど！

美輪　でもみんな待ってるの。誰かの力によって幸せになれる日を。依存心は捨てなきゃだめよ。

及川　美輪さん、今日みたいな……自己とか精神とか生きることとか、じっくりお話できて幸せでした。

美輪　世の中の人がもっとこういう話を家庭や職場や学校でするようになれば、みんなもっと幸せになれるわよ。日本も平和になります。

おいかわ・みつひろ●1969年、東京都生まれ。96年シングル『モラリティー』でデビュー。ライブ活動も精力的に行う。役者としても『WITH LOVE』『オヤジぃ。』など話題作に次々と出演。99年には初のオールヌード写真詩集『続・欲望図鑑』（メディアファクトリー）を発売。ロマンティックで耽美な世界を表現し続けている。2002年大河ドラマ『利家とまつ』に前田慶次郎役で出演。

●この対談は2001年1月24日に行われたもの。MORE4月号特集『あなたの「変わらなきゃ症候群」から抜け出す26の方法』のスペシャル対談に加筆しました。

第三章

今、あなたに足りないのは美意識

人を美しく見せるのは、メイクやファッションだけではありません。大切なのはその人の中に貫かれた美意識。美に触れようとする、その心こそが人を美しく豊かにするのです。この章には私がおすすめする美と文化のエッセンスを盛り込みました。それらはきっと、あなたの美意識をレベルアップさせるビタミンになるはずです。

美意識の大切さ

毒に満ち、美を忘れた世界。
それが、今の日本の姿、日本人の姿。
だからこそ、今、
私たちに必要なのは「美しく生きる」ことなのです。
生活を美で彩《いろど》る、心を美で満たす。
個人個人が持つ揺るぎない美意識こそ、
人生に幸福と潤《うるお》いをもたらすのです。

自分のベッドで寝転がっているのと同じ格好で街へ出ていく。部屋にいるのと同じ感覚で道に座り、電車でものを食べる。現代はすべてがラフな寝室文化になっています。なぜだかわかりますか。それは世の中に存在するファッションや建築が、本当の「美」を考えて作られていないからです。ボロ布で作ったような安っぽい服、コンクリートだらけの灰色の街。美からはほど遠いものに囲まれているから、人の心も荒れ、生活も言葉も態度も荒れてくるのです。だらしない、怠け者ばかりの世の中にしたのは、それらを作り出したデザイナーたち。〝美〟を作り出すのが商売なのに、〝醜〟ばかりを作り出している。この世の諸悪の根源は、デザイナーたちにあると私は思っています。

今、世の中を支配しているのは数字です。質が悪かろうが、ただ売れればよいという考え方が蔓延《まんえん》。すべてが機能性、利便性、経済効率本位です。あらゆるものの装飾はカットされ、面倒な手間のかかることをさけ、シンプルさばかりが追求されています。また、猛毒のような音楽や粗悪な娯楽ばかりが作られ、人々はただ漫然とバカになる毒を取り入れています。礼儀は忘れられ、識字率は低下し、金儲けとセックスへの欲望だけが渦巻いている。このままでは、日本は世界中で最も軽蔑《けいべつ》される最高ランクの国になるでしょう。

毒に満ち、美を忘れた世界。それが今の日本の姿。そして日本人の姿。誰もが穏やかな心と生活を手に入れたいと願っているのに、それとはほど遠いのが現実です。今、私たちに必要なのは「美しく生きる」こと。つまり美意識を持つことなのです。

日本という国は、世界中から憧れられた「美」の国でした。飛鳥、奈良、平安の古《いにしえ》から始まり、室町《むろまち》、安土《あづち》・桃山《ももやま》、元禄《げんろく》文化。そして近代に入って明治、大正、昭和初期のロマンあふれる文化。何百年という長い時間をかけて、日本人が築き、繁栄させてきたこれらの文化は、海外の芸術家たちに羨望《せんぼう》のまなざしで見つめられていました。ご存知のように葛飾北斎《かつしかほくさい》や安藤広重の浮世絵は、ゴッホ、ゴーギャン、ロートレックらに多大な影響を与えました。ジャン・コクトーもチャールズ・チャップリンもエジソンも、みんな日本に憧れ、日本へやって来ました。日本の美意識はそれくらいすごいものだったのです。

だから昔の日本人の暮らしには、たとえ貧しくても美がありました。しかし、その日本人の美意識を軍国主義者たちが戦争でつぶしてしまいました。文化は軟弱である、美しいものは敵だと、片っ端から破壊。軍歌以外歌ってはいけない、おしゃれもダメだ。ある女学生は母親が編んでくれたカラフルな毛糸の下着を軍人に見つかり、殴る蹴るされ、結局死んでしまいました。彼女が何をしたというのでしょう。母親は娘が寒くないように、せめて下着だけでもおしゃれ心を忘れないようにと、色のついた毛糸を使っただけです。戦時中は本当にひどい時代でした。

軍国主義者たちは、戦争のわずか5年間で、日本人の先祖たちが連綿《れんめん》と培ってきた世界に冠たる美意識を壊滅させてしまったのです。そしてその失った美意識をいまだに取り戻せずにいるのです。日本に限らず美の象徴だったフランスもすでに滅びかけています。アメリカの荒ぶれた悪文化のおかげで世界中が美の損失とレベル低下にあえいでいるのが実情です。

豊かな心で生きたい、そう願うなら、「美しく生きる」ことをもっと考えなくてはいけません。生活を美で彩《いろど》り、心を美で満たす。美が身近にあれば、使う言葉も何気ない立ち居振る舞いも自然に美しくなり、人にも思いやりを持てるようになります。古きよき時代が持っていた揺るぎない美意識こそ荒廃した現代を平和にし、人生に幸福と潤《うるお》いをもたらすのです。

愛の言葉

おしゃれな人とは

真に美しく、おしゃれであるには、
右見て、左見て、人と自分を比べる他人志向型の根性を
叩き直さなくてはいけません。
そんな右向け右の全体主義はもう古いのです。
本当におしゃれな人はみんな自己志向型。
「これは私らしい」と心底思えるものを、
まずひとつ、身につけてごらんなさい。

「おしゃれに興味があるけど、自分のセンスに自信がありません」。そんな相談を受けたことがあります。彼女は雑誌を読み、センスを磨く努力をしているけど、どうしても友達が持っている服や小物のほうが素敵に見えてしまう。せっかくものを買っても、その8割は後悔してしまうというのです。

雑誌の受け売りやテレビタレントのものまね。それがおしゃれの基準になっている人はたくさんいます。しかしそれでは、いくらお金をかけても、センスアップは望めません。そういう人はただ流行に流されているだけ。自分ってものが何もないのです。

真に美しく、おしゃれであるには、右見て、左見て、人と自分を比べる根性をまず叩き直さなくてはいけません。他人志向型はもう古いのです。本当におしゃれな人はみんな自己志向型です。他人の目を気にしない。流行にもとらわれない。人をうらやましがらない。それがおしゃれの最も大切な必要条件です。

最近、自分で生地を買い、手作りの服を作るのが、若い人たちの間ではやっているようですね。ボタン屋さんやビーズ屋さんは大繁盛だと聞きます。これは自己志向型の人が増えてきた証拠。とてもうれしいことです。

大正、昭和の日本には、町に一軒は仕立て屋さんがありました。みんなそこに生地やボタンを持ち込んで、自分の好きな服を作っていたのです。既製品や右に倣《なら》えの流行ものよりも、自分の好きなように仕立て上げた、世界にたった一枚の服。そんな服が女性を元気に、美しくさせていました。昔の人は「こんな服を着たい」という意思やイメージが、今の人よりはっきりしていたのかもしれません。

本当におしゃれな人になりたいなら、まず自己志向型を目指すのです。そのために必要なのが、情報や流行に拮抗するだけの美に関する知識や技術。それを、自分自身で獲得するのです。最もいい方法は、古今東西の風俗学を勉強すること。図書館に行って、美術史や美術雑誌、または世界風俗史やファッション史の本を片っ端から見てごらんなさい。そして気に入ったもの、感性に引っかかったものをコピーしたり、描き写したりして、ファイルしておくのです。そうすると、自分がどういうタイプのデザインや装飾が好きなのかも見えてきます。それを自分の服装に取り入れていけばいいのです。

もうひとつ、ぜひ勉強しておいてほしいのは色彩心理学。色彩はファッション、建築、インテリア、あらゆるものの基礎です。美しい配色のパターンを知っておくことは、自分を美しく見せるために非常に大事なのです。

つまり、己を知ることからおしゃれは始まるのです。「これは私らしい」というものをひとつ身につけているだけで、他人や流行なんか関係なくなります。ひとりで鏡を見ているだけでも、おしゃれが楽しいと思えるようになります。それが自分らしい生き方の始まりにもなるのです。

美の見本

美の基本とは優雅さ、気品、エレガンス。
それらが凝縮された
映画、絵画、音楽、文学、演劇、
古今東西の文化・芸術は現代人を美へ導く見本であり、
美意識を育て確立させる心のビタミン。
美に触れる生活を心がけること。
それは人糞《じんぷん》製造機のように
ただ漫然と生きるだけでなく、
人生を一〇〇倍楽しくする方法なのです。

私が生まれた長崎は、昭和10年代、海外への窓口でした。さまざまな文化が行き交い栄え、異国情緒あふれるその街で、私は15歳まで過ごしました。実家はきれいに着飾ったおねえさんたちがたくさん行き来するカフェ。うちの隣は映画館で、隣の隣は芝居小屋。当時の一流女優の美をまぶたに焼きつける毎日でした。エレガントで、優雅で、上品で、世界中が本当に洗練されていた時代でした。

「美輪さんは、どうしてそんなに優雅なんですか?」とよく聞かれます。それは私が幼い頃からこうした本物のエレガンスや優雅さに触れていたからです。美の基本とは優雅さ、気品、エレガンスなのです。私のそばには、子どもの頃からいつも美がありました。それが滋養《じよう》となり、私の美意識をつくっていったのです。

美意識というものは、放っておいて勝手に身につくものではないのです。美意識を育て確立させるビタミンが文化。現代はそのビタミンが不足しています。体や心に入ってくるのは毒ばかり。だからその毒を消してくれる薬が必要なのです。それが映画、絵画、音楽、文学、演劇など、古今東西の素晴らしい芸術。特に1950年代までに作られた芸術は、現代人を美へ導く最強の特効薬です。

子どもの頃観た映画のひとつが、マレーネ・ディートリヒの『モロッコ』です。酒場の歌姫とアメリカ兵トムのラブストーリー。ハイヒールを脱ぎ捨て、トムを追いかけはだしで砂漠を駆けてゆくラストシーンがロマンティックでした。彼女はトーキー初期のドイツからハリウッドへ渡った大女優。ここぞという時の目の動かし方、指の使い方、しぐさのすべてが一流なのです。大人の演技ができる女優でした。そして何より彼女を魅力的に見せたのが、洗練された衣装。一分の隙もなく完成されたファッションに身を包み、酒場の歌姫や踊り子を演じました。退廃的なだけでなく、独特の妖艶《ようえん》さと品のよさがにじみ出ていたのは、読書家のインテリだったからかもしれません。ただのエロだけが売りものの、最近の女優とはそこが違うのです。

50年代までの女優たちは、みんな妖艶でミステリアス。成熟した大人の魅力にあふれていました。それはこの時代の監督、脚本、衣装、音楽、映画を構成するすべての要素が成熟した大人だったからです。男女のしゃれた会話、詩的なセリフ、印象的なまなざしやしぐさ、自分を美しく見せるコツ。当時の映画には美のエスプリが結集されています。美しくありたいなら、彼女たちを美のお手本にすればいいのです。なんせ現代の日本は、10代のタレントばかりもてはやす、幼稚で未熟な子ども文化。お手本がひとつもないのですから。

芸術の中に美の見本を探しなさい

美の手本にできるスクリーンの中の女優はほかにもいます。たとえばグレタ・ガルボ。『マタ・ハリ』などの代表作を持ち、黄金分割の完璧な美貌と称されました。ところが彼女は完全無欠の顔とは裏腹に、わざと全体のバランスをくずすように衣装を着るのです。それがまた彼女の魅力になっていました。宝石のつけ方、着こなしのくずし方、おしゃれにはこういう方法もあるのだと勉強になります。

『ナイアガラ』のモンローウォークで一躍スターダムに躍り出たマリリン・モンローは、〝自分の体の見せ方〟において天才的。『風と共に去りぬ』『哀愁』『欲望という名の電車』などの名作に出演したヴィヴィアン・リーは、気品と自信にあふれた表情が魅力的でした。

古い日本映画もビタミンの宝庫です。原節子、高峰秀子、田中絹代という昭和初期に活躍した女優の名を知っていますか。ぜひ一度レンタルビデオ店で借りて観てください。たとえば原節子が没落した華族の令嬢を演じる『安城家の舞踏会』。現代の日本女性が忘れてしまった、美しい言葉遣いや立ち居振る舞いが凝縮されています。京マチ子主演の『雨月物語』は、時代考証が素晴らしい。今の大河ドラマなどちゃちで話になりません。小物やインテリアに注目して観るだけでも勉強になります。田中絹代の『武蔵野夫人』、高峰秀子の『或る夜の殿様』、無名の新人を起用し純愛を見事に描き切った、木下恵介監督の『野菊の墓』。主役級の大女優たちはもちろん、どんな端役でも観て参考になるのがこの時代の映画です。

分野はなんでもかまいません。自分が興味を持てるものから、まず挑戦してごらんなさい。心が落ち着く、ロマンティックになれる。そんな気分がわかってくればもう大丈夫。あとはどんどんレパートリーを増やしていけばいいだけです。レパートリーが広がると、美に関する目が肥えてきます。たとえば映画や舞台も、総合的にトータルで観られるようになります。

演技はもちろん、照明、音楽、衣装、隅々《すみずみ》まで色のバランスに注意してみると、完全無欠な美もあれば、乱れている美もあり、美とは調和だとわかります。それに気づいただけで、その人の美意識は大きく変わります。

美に触れる生活。それは精神と肉体を美しく健康に保つ栄養になります。五感が研《と》ぎ澄まされ、想像力がアップします。人糞《じんぷん》製造機のように、ただ生きてるだけとは違う、豊かな人生になるのです。街を歩いても、山や海に行っても楽しめる。人生が100倍楽しくなります。

ちょっと手を伸ばしてごらんなさい。すぐそこに「美」はあるのですから。

愛の言葉

心地いい日本文化

淡く、曖昧《あいまい》で、微妙。
そんな玉虫色の世界を美しいと感じる感性が、
日本人のＤＮＡには備わっています。
風土に合わせてアレンジされ、育っていった
日本文化は私たちにとって心地いいもの。
なのに現代人はわざわざ外国産の
毒キノコばかり食べています。
それで精神が不安定にならないわけがないのです。

毎年行っている『美輪明宏音楽会〈愛〉』のたびに、みなさんからたくさんのリクエストをいただきます。そのなかでもリクエストが多いのが、日本の叙情歌《じょじょう》、『朧月夜《おぼろづきよ》』という歌です。

菜の花畠に　入日《いりひ》薄れ
見わたす山の端　霞《かすみ》ふかし
春風そよふく　空を見れば
夕月かかりて　におい淡し

夕暮れに染まる春の空。かすんだ、懐かしい日本の原風景が目に浮かびます。まるで淡い日本画を見ているよう。実は景色だけを歌っている歌は、世界中を探しても非常に珍しいのです。この歌はメロディもさることながら、歌詞の美しさでも、世界の名歌のひとつに入る歌です。

曖昧《あいまい》といえば曖昧。口ではなんとも言えないほどに微妙。こうしたものは、日本文化にはたくさんあります。音楽でいえば、ほかにも『赤とんぼ』や『宵待草《よいまちぐさ》』。初山滋《はつやましげる》や高畠華《たかばたけか》宵《しょう》など、叙情画家の描く世界は、それはそれはロマンティック。俳句や詩もそうです。選び抜かれたごく少ない言葉を使って表現され、あとは読んだ人の印象や想像に任せます。余白を残し、はっきりくっきりと描き切らない、玉虫色の世界。こうしたものを美しいと感じる感性が、日本人のＤＮＡにはもともと備わっているのです。

確固たる美意識のもとに、日本人は独自の文化を作ってきました。たとえば「日本文化」という漢字そのものは、もとをたどれば中国のものです。しかし日本人はそこからひらがなやカタカナを作り出しました。楊貴妃が着ていた着物が、十二単《じゅうにひとえ》になり、元禄袖《そで》に。輸入物のムダを削り、取捨選択し、日本の風土に合わせてアレンジされ、育っていった日本文化は日本人にとって心地よいものなのです。

最近、若い人たちの間でゆかたが復活しています。裾を短くしたり、スニーカーを合わせたり、みんな思いのままに着ている姿を見ると、私はうれしくなります。彼女たちはゆかたを着ると「気持ちが優しくなる」と言っています。まさにそのとおり、普段はギャル風の子も、乙女のようにかわいらしく見えます。

生活とともに育つ文化というものは、本来、人の心をなごませるもの。日本人は自分たちが心地よい文化を生み出す天才だったのに、今は取捨選択することすら忘れてしまいました。よそから来たものを全部うのみにして、そのまま取り入れているだけです。結果として、日本人の細胞が生理的に受けつけないものばかりで世の中がつくられています。

コンクリートやガラスだらけの街、ペンキをベタッと塗っただけの無味乾燥なインテリア、けたたましい音楽。まるで国産の体にいいキノコがあるのに、わざわざ外国産の毒キノコばかり食べているようなものです。精神がおかしくならないわけがありません。現代人は文化というビタミン不足ですが、特に日本文化という種類のビタミンがいちばん必要なのだということを忘れないでください。

生活にロマンを

情緒障害を起こさないために、
生活をロマンや情緒で満たすのです。
美しい文字や音楽、
それを探し触れる暇がないという人は、
細胞をむしばまれるがままにしておくしかありません。
上質な人間はその時間配分をうまくできるし、
自分に何が必要かもわかるのです。

2000年末、30年以上ぶりにテレビで『ヨイトマケの唄』を歌いました。驚くほどの反響でした。よいとまけとは、地固めするために、滑車を使って数人で重い槌《つち》を上げ下げする時のかけ声。転じてそのような仕事をする人を指します。私は子が親を思い、親が子を思う気持ちを歌にしたのですが、よいとまけという言葉は蔑称《べっしょう》だとメディアが自主規制をし、長い間流れることはありませんでした。でも数年前にサザンオールスターズの桑田佳祐君がライブで歌って話題になり、よいとまけの意味も知らない10代や20代の人たちが、「感動して涙が出た」。そんな言葉を聞くたびに、この歌が再び求められているのだとヒシヒシと感じています。

私の歌に限らず、小田和正、井上陽水、吉田拓郎などの70年代の歌も最近見直されていると聞きます。これだけ音楽があふれている現代で、なぜ昔の歌が愛されるのか。それはあの頃の歌は歌詞がロマンティックでメロディが美しく、叙情的《じょじょうてき》だからです。今はみんなそういう歌を求めているということなのです。しかし音楽業界がわかってない。相も変わらず騒がしい音楽ばかり作っています。いい歌を聴けば人は感動します。心が豊かになり、情緒も安定します。そうすれば成人式にクラッカーを鳴らしたり、乱闘騒ぎを起こすような人間は育たないはずです。彼らは知性も教養もなければ、情緒も育っていない子ども。七五三の子が、着物を着て走り回って怒られているのと一緒です。

精神の発育不全や情緒障害を起こさないように、生活をロマンや情緒で満たすのです。そのために文学や音楽はあります。ロマンティックな旋律《せんりつ》のリストの『愛の夢』、詩的なショパンの『ノクターン（夜想曲）』。こうした静かな音楽に触れて得られる、ゆったりとした、満たされた感じ。これこそ現代人が心の底で無意識に求めているものです。

本を読む時間がない？　それなら詩集をバッグにしのばせておいたらいかがでしょう。北原白秋や室生犀星《むろうさいせい》など、詩人の言葉は美しい宝石のようです。読み感じることで、美しい表現が身につきます。汚らしい現実から一足飛びに、美しい想像の世界で快く生きられるのも詩の魅力です。

最近は読書をしない人が増えているというけれど、何も難しいものばかり読む必要はありません。エッセイや短編集など、読みやすく、やさしいものから入ればいいのです。幸田文《こうだあや》の『台所のおと』というエッセイは、大正から昭和初期の日本人の言葉遣いや身ごなし、暮らしぶりが見事に表現されています。岡本かの子の短編集『巴里祭／河明かり』は、随所に幻想的な表現があり、読書の楽しみ方をつかみ取りやすい作品です。

そうしてだんだん読書が楽しくなってきたら、長編や専門書にいけばいいのです。『源氏物語』は世界に誇れる素晴らしい日本の文化です。しかし、一気に読もうと思っても挫折します。だから一日30分、一日10ページと決めて取りかかり、確実に自分の生活の中に文学を取り入れていくのです。

若い人たちはみんな教えれば吸収します。興味を持てばさらに知ろうとする。でもみんな口を揃えて「時間がない」と言います。でも何に追われているのかといえば、何も追われていないのです。ただ情緒的に慌ただしいと感じているだけ。現実には時間は十分あるのに、みんな時間割のつくり方が下手なのです。ちょっと知恵を使えば、精神に栄養を与えてくれるビタミンは身近におけます。上質な人間はその時間配分をうまくできるし、安直な人間はいつまでもそれができず、細胞をむしばまれるがままにしておくしかないのです。

美のまとい方

すべてのものには波動があります。
美しいと感じるものはいい波動を、
嫌悪感を与えるものは悪い波動を出しています。
部屋に花を飾り、静かな音楽を流し、
美しいインテリアに囲まれて暮らしていれば、
その波動で人は勝手に美しくなります。
美しさを手に入れるのは実は簡単なことなのです。

先日、新宿で女子高生の集団とすれ違った時のことです。彼女たちは私を見つけるなり驚いた様子で、「ウックしい〜！」と叫びました。その言葉を聞いてこっちがびっくりです。そういう時、彼女たちくらいの年齢なら普通は「超キレイ！」とか言うでしょ。「美しい」という言葉なんて普段使わないはずなのに、あまりに驚いて口をついて出てしまったのでしょうか。そんな言葉を知っているのねぇ、と思うとなんだか私は彼女たちが愛しくなってしまいました。

私ももう年をとったし、本当は美しくなんかないはずなのです。なのにいまだに私を「美しい」と言ってくれるお慈悲深い人がたくさんいます。美しさとは、造形的なことだけを指すのではないのです。美しく見える人、それは美しいと感じさせる空気を身にまとっている人のことです。

すべてのものには波動があります。たとえば色がそうです。ピンクを見ると優しい気持ちになったり、かわいらしいなと感じます。赤は人を元気にさせる力がありますから、女性の長襦袢《ながじゅばん》や力仕事をする男たちのふんどしに使われてきました。

また、何気なくつけている宝石にも波動があります。以前、映画評論家として著名だった淀川長治さんにこんなことを言われました。マレーネ・ディートリヒは身につけている宝石ばかりが目立ってときに下品になる。エリザベス・テイラーは彼女の顔だけが光って宝石が目立たないことがある。グレタ・ガルボはどんなに高価な宝石を身につけても、彼女自身と宝石の両方がいっぺんに光り輝くと。そして私に「よく見ると宝石を身につけているんですね。グレタ・ガルボと一緒で、宝石とあなたが一体化しているから気がつかなかった」と。さすがに古今東西の女優を見てきた人ならではの言葉。鋭い見方をする方だと驚いたのを覚えています。

宝石は何十億年と地球に埋もれていた石です。そのパワーは強烈で、ときとして人が負けてしまうほどの強さを持っています。身につける色やアクセサリーなど、人はさまざまな波動の影響を受けて暮らしているのです。美しいと感じるものはいい波動を出しており、その逆で人をイヤな気持ちにさせるものは悪い波動を出しています。だからこそいい波動を身の回りにおくことが必要なのです。

私の部屋の壁は薄いピンク。季節の花を飾り、静かなクラシック音楽をかけ、美しいものに囲まれて暮らしています。このようにいい波動を浴びていれば、人は勝手に美しくなっていくのです。私を見て「ウックしい〜！」と言った女子高生たちは、実は私本人ではなく、私が日々浴びているいい波動を感じ取ったにほかありません。これが美の秘密であり、美のオーラの正体です。「ウックしい〜！」と言われるオーラをまとうのは、誰にもできるということ、実は簡単なのだということが、おわかりいただけるでしょう。

セックスだけで捨てられない女になるために

日頃の衣食住を思い浮かべてください。たとえばカップラーメンを食べる時のこと。カップのままズルズル？　ちょっと味気なくありませんか。たとえインスタントだって、自分の好みのお碗《わん》に入れ替えて食べてみるとおいしさが倍増します。清水焼《きよみずやき》や信楽焼《しがらきやき》など、品のいいものをわざと使ってみるのです。割箸なんかでみじめにすらないで、ちょっと高価でも塗りのお箸も合わせて用意しておきます。テレビは消して、静かな音楽でもかけてみましょう。ちょっとしたことで、カップラーメンを食べる時間の充実度が変わります。

そうなふうに神経を使った生活をしている女を目の当たりにすると、男は夢中になります。「この女、カッコいいな」と思うものです。ただオッパイが大きくて、股広げてよろこんでるだけの女はすぐ飽きられてしまいます。もてているのではなく、ただセックスをしたいから男が寄ってくるだけの話。欲望を遂げられる相手として、つまり、排泄物を捨てる便器と同じように考えられているだけなのです。

本当にもてる女というのは、自分の生活の中に文化を持っている女。そして、そういうことを全部知っていて、決してひけらかさない。生活とは「生きること」を「活かす」ということです。朝起きて、そこいらへんのファーストフードで適当に食べ、会社に行って、飲んで、寝て、なんにも考えないでただ生きてるだけ。これは動物と同じです。生きてるだけというのはもったいないんです。せっかくこの世に生まれてきたのですから、いかにドラマティックに、いかに充実させて生きるかを考えないとあっという間に老けてしまいます。

その歯止めになるのが文化です。普段使っている生活の小物、部屋のインテリア、聴いている音楽、読んでいる本、会話の内容。そういったものはひとまとめになって見えない膜になり、その人を包んでいます。家の中にあるものすべてから、人は波動を受けているのです。つまり人間は保護色の生き物だということです。モーツァルトとかショパンなど、美しい音楽が常にBGMで流れていると、音の持っている気品が体にまつわりつきます。その人となりをつくるのです。実はこれはとても恐ろしいこと。騒がしいロックやド演歌ばかり聴いている人は、5メートル四方にそういう雰囲気を醸《かも》しだしているということです。

本も読まない、音楽も聴かない、食べるものと着るものと人の噂話しかできない、あとはセックス。それではその程度の男しか引っかかりません。セックスがすんだらポイッと捨てられます。そうならないために、生活を隅《すみ》から隅まで見直してみてください。

愛の言葉

心を潤《うるお》す特効薬

お月さまではうさぎが餅《もち》をついています。
「あれは単なるクレーターだ」などという
中途半端な科学者の言葉に耳を貸してはいけません。
今、日本人にいちばん欠けていて、
いちばん求められているものは、
こんな遊び心とロマンです。
みんな非日常に浸りたいのです。
それこそ殺伐《さつばつ》とした人の心を潤す特効薬なのです。

先日、ＮＨＫ・ＢＳの特別番組『詩のボクシング』にコメンテーターとして出演した時、作家の島田雅彦さんと久しぶりにお会いしました。あの方は知識の幅が全方位的に広く、活動は縦横無尽。いたずらっ子のように知的企みを楽しんでいて、本当にかわいらしい人です。天才芸術家、寺山修司の後を継げる存在は、今なら彼くらいのものでしょう。

『詩のボクシング』は、リングの上で詩を朗読しあうもの。その日、彼はベージュのレインコート姿でした。そして登場するなり、カメラに向かって前をバッと開くのです。洋服の上からつけたエプロンには、等身大の男性の裸体がリアルに描いてありました。フェリーニの映画に出てくる露出狂の男のパロディです。知性とウイットに裏づけられた、彼のユーモアセンスは一流です。それでいてケロッとしてるから、見てるほうはまたおかしくなるのです。

今、世の中にユーモアがすっかりなくなってしまいました。政財界や役人たちはユーモアセンスがない人間ばかり。テレビも下品でげすな笑いで殺伐《さつばつ》としています。でもそれもしかたのないこと。ユーモアとは知性のゆとりの文化であり、精神的なゆとりからも生じるものだからです。

独自の文化を育んできた昔の日本は、ユーモアの宝庫でした。平安末期に書かれた絵巻物『鳥獣戯画《ちょうじゅうぎが》』は、蛙と河童が相撲をとったり、うさぎが行司をしていてどことなく笑いを誘うでしょう。あれは当時の貴族社会や仏教界を鳥獣にたとえて、風刺《ふうし》しているのです。

室町時代には日本最古の喜劇といわれている狂言が生まれます。『蚊相撲』という狂言がありますが、相撲好きの大名のところへ道場荒らしに来た相撲取りは、実は人間に化けた蚊の精。大名と相撲をとりながら、血を吸ったりするので結局正体がバレてしまいます。しかしあんなに小さな蚊を、大きな相撲取りにし相撲をとらせるとは、なんてシュールで滑稽《こっけい》なんでしょう。当時の日本人はすごい発想をしていました。

そこからつながり、歌舞伎、落語、漫才が生まれ、日本人の生活はユーモアに満ちあふれていました。それが、ある時途絶えます。戦争です。戦争によりそれらの伝統文化の笑いが禁止され、またあらゆる文化そのものが、人々の暮らしから奪われてしまったのです。

狂言、歌舞伎、落語。敷居が高そうに見えるけど、もとは庶民の芸能です。おじけづくことなんかありません。一度行ってみれば、奇想天外で荒唐無稽《こうとうむけい》な未知の世界が楽しめるはずです。もっと手軽なものでいえば、水木しげるさんの『ゲゲゲの鬼太郎』。出てくる妖怪たちが、みんなユニークでかわいいでしょう。あれこそ日本人が持つユーモアセンスの表れの最たるものです。私は『鬼太郎』の現代版が『ポケモン』だと思っていますが、あれは大人が見て十分に楽しめるものです。愛くるしい生き物たちをファンタジーに仕立て上げた、日本人の感性を学ぶこともできます。

最近ヒットした映画は『ハリー・ポッターと賢者の石』や『千と千尋の神隠し』『陰陽師』。その人気の理由は『ポケモン』が世界中でウケているのと同じだと私は思います。世間は訓話的な話よりファンタジーやロマンを求めているのです。みんな非日常に浸りたいのです。

お月さまでは、うさぎが餅《もち》つきをしています。「あれは単なるクレーターだ」などと言う中途半端な科学者の言葉には、耳を貸してはいけません。もしもあなたたちが親になったなら、子どもに月のうさぎの話をしてあげましょう。遊び心とロマン。これが今の日本人にいちばん欠けていて、しかもいちばん求められているものなのです。

さて、今のあなたには月のうさぎが見えますか？

世直し対談3

池辺晋一郎×美輪明宏

21世紀を救う文化

美輪　今日は池辺さんのマルチぶりをお話ししていただきたいと思います。池辺さんは本当に守備範囲が広くて、360度全方位的に生きてらっしゃる。

池辺　どうでしょうか。分度器で計ったことがないのでわからないですけど(笑)。

美輪　クラシックはもちろん、モダンの作曲や編曲。映画や演劇の音楽も手がけてらっしゃいますね。※黒澤明監督の映画もずいぶんおやりになったでしょう。

池辺　そうですね。『影武者』『八月の狂詩曲』『夢』『まあだだよ』の4本です。

美輪　黒澤さんってどういう方でした?

池辺　ものすごく音楽にうるさい方でしたね。黒澤監督との面白いエピソードはたくさんありますよ。

美輪　それ、いっぱい話して。

池辺　黒澤監督は、このシーンにこういう感じの音楽がほしいっていうのをだいたい決めちゃうんですね。

美輪　下手したら自分で作曲しちゃうぐらいだったんじゃない?

池辺　そうなんですよ。だって美術は自分で絵コンテを全部描いちゃうでしょう。音楽もまさにそうで、ラッシュフィルムという、完全に仕上がる前の段階のフィルムに、こういうイメージだという曲を入れちゃったりする。フィルムを見るとクラシックの名曲が聴こえてくるんです。で、監督はこう言うんです。「池辺君、気にしないでね、参考だから」って。

美輪　イヤミね(笑)。

黒澤　明
1910年生まれ。戦後の日本映画黄金期に生きた、日本を代表する映画監督。『羅生門』でヴェネチア国際映画祭グランプリに輝き、日本映画として初めて国際的な賞を受賞。『生きる』『七人の侍』『乱』などの名作を残し、"世界のクロサワ"として世界中の巨匠たちに崇められた。生涯30本の映画を制作。文化勲章、米国アカデミー賞特別名誉賞受賞。1998年永眠。享年88歳。

池辺　それだけ細かく決める監督なのに、『影武者』※の時、1カ所だけプランどおりでないことが起きた。でも監督は編集の最終段階にきて、ある部分に音楽がほしくなったんですね。「そこには音楽書いてないですよ」と僕が言うと、「ないのはわかってる」と。でもほかのシーンで使ってる曲の中間部分を持ってくると、ここにぴったり合うはずだと言うんです。たしかに曲の雰囲気は合うかもしれないけれども、長さが合うかどうかわからないじゃないですか。業界用語でいう尺ですね。「尺が合わないんじゃないですか」と言ったら、「いや、音楽も映画も人間の息だから、だいたい呼吸が同じだから合うはずだ」って。それでそこへ監督が指定した音楽をはめ込んでみたら、ぴったり合っちゃった。

美輪　すごいわね。体の中に時計を持っているのね。

池辺　黒澤監督は息とか間とか、そういうものをつかむ天性のものを持っていた人ですね。

美輪　池辺さんはどうやって映画に音楽をつけていくんですか。

池辺　初めに台本を読むわけです。それからラッシュフィルムを少しずつ見ていく。ある時は10分だけ、またある時は30分。でも僕の場合、台本を読んだ段階で音色が浮かぶんです。この映画はどういう音色がいいか。たとえば何年か前にやった今村昌平監督の『うなぎ』。あの時

※『影武者』
1980年公開。カンヌ国際映画祭グランプリを受賞した。戦国時代、武田信玄の死を隠すために影武者として生きた男と武田家の滅亡を描いた作品。仲代達矢、山崎努、萩原健一など名優が出演。

©東宝「影武者」1980

は台本を読んだら、なぜか僕の頭の中にジューズハープという楽器の音が響き始めたんですよ。

美輪　口の中で音を反響させる楽器ね。ビヨン、ビヨン、ビヨンって音の。

池辺　うなぎのイメージとどこかで一致したのかもしれない。でもこの楽器は音がすごく小さいので電子機器を使ってサンプリングして、メロディを作りました。

美輪　その『うなぎ』がカンヌ映画祭でパルム・ドール賞を受賞。池辺さんは日本映画界の立役者ね。

映画や芝居は音楽によって生きも死にもする

池辺　美輪さんは以前、僕が進行役をしているNHKの『N響アワー』というテレビ番組にゲストでいらしてくださいましたよね。あの時ご自分のお芝居のために選曲されたハチャトリアン※の曲をやりましたね。代表曲は『剣の舞』だけど、美輪さんが選んだのは『仮面舞踏会』※のワルツ。それを選曲なすったということが、僕は素晴らしいと思いました。

美輪　あら、どうして？

池辺　あの音楽には絢爛豪華さと、何か音楽が持っている圧力というのか、凝縮された血の濃さみたいなのがあるでしょう。その密度が芝居と一致していた。こういう選曲もあるんだと感じ入りました。

美輪　三島由紀夫さんが書き下ろしてくれた『葵上《あおいのうえ》』※『卒塔婆小町《そとばこまち》』の上演の時

ハチャトリアン
1903年生まれ。旧ソビエト政権時代に活躍した作曲家。交響曲、協奏曲をはじめバレエ組曲も多く手かけた。なかでもバレエ『ガイーヌ』の中の『剣の舞』は有名。民謡や放浪の民族詩人の歌を聴いて育った影響から、民族色の強い作風で知られている。

『仮面舞踏会』
1941年に上演された戯曲『仮面舞踏会』のために作られた組曲。5曲からなり、ワルツはその中のひとつ。

ですね。『卒塔婆』で老婆から美女へ早替わりする時にあの音楽を使ったんです。あの曲、非常にリリックじゃありませんか。上品なセンチメンタルでね。

池辺 彼の曲じゃないみたいですよね。

美輪 そうなんですよ。ハチャトリアンといえば演奏されるのは荒々しい作品ばかり。叙情的《じょじょうてき》な面は、あまり知られていなかったんです。組曲『スパルタクス』※とかね。でもそういう音楽や琵琶歌が能を下敷きにしたこのふたつの作品にぴったり合ったんです。本当に芝居や映画というのは、音楽の持っている力によって駄作にもなるし、名作にもなると思います。『風と共に去りぬ』の『タラのテーマ』。あの音楽がかかると総毛立つじゃないですか。

池辺 そうですね。

美輪 『ウエストサイドストーリー』も、音楽でもっている映画でしょう。それから『ゴッドファーザー』。

池辺 ニーノ・ロータ※のね。

美輪 そう。ニーノ・ロータのあのメロディがなかったら、屁みたいな映画になってたと思いますね。ねえ、池辺さん。最近の映画監督や舞台演出家は、音楽がわからない音痴の人が多いとお思いにならない？

池辺 いやあぁ、はっきりとは言いづらいですけどね（笑）。ただ、その逆は言えるでしょうね。黒澤監督しかり、優《すぐ》れた監督や演出家はみんな音楽にやかまし

『葵上』『卒塔婆小町』三島由紀夫氏作、近代能楽集より選ばれたこの2作を、美輪さんが演出し舞台化（309ページ参照）。

『スパルタクス』
古代ローマで起こったスパルタクスの反乱を描いたバレエの組曲。ハチャトリアンのバレエ組曲としては第3作目。

ニーノ・ロータ
ミラノ生まれの作曲家。ルネ・クレマン監督の『太陽がいっぱい』、フェデリコ・フェリーニ監督の『甘い生活』などの映画音楽で知られる。フェリーニとは表現者として理解しあっただけでなく、無二の親友でもあった。

い。何か一家言持っている。

美輪　だから私、自分の芝居で、演出から何からすべて自分でやるんです。ひとつひとつをものすごく大事にしていきます。小道具も、大道具も、衣装も、演出も、台本も、音楽も、何もかもが互角の集まり、100対100の力関係でやらないと、いい作品はできないいんですよ。

次は文化の時代なんて大嘘です

美輪　池辺さんはヨーロッパ、中東など海外へもよくいらっしゃるでしょう。※そういう方の目に今の日本の文化事情はどう映るのかしら。

池辺　日本という国は政治、経済、文化というものを切り離して考えてきましたよね。だけど本当は根っこが同じで、政治家も文化をわからなきゃいけないし、経済と文化も本当は結びつくものだということが少しずつ見えてきたのはこの2、3年ぐらいじゃないですか。

美輪　いいえ、やっと、21世紀に入ってからですよ。

池辺　その文化というのがどういうものかなんですけど、ちょうどバブル最盛期の頃によく言われていたことなんだけど、これで衣食住足りて豊かになったから、次は文化の時代だって。

美輪　衣食足りて礼節を知る。

池辺　そう。衣食足りて次は文化の時代。でも僕は、その頃よくあちこちで言った

※池辺氏の活躍は海外でも高い評価を得ている。71年オペラ『死神』でザルツブルグ・テレビ・オペラ祭優秀賞、89年音楽ファンタジー『カルメン』で国際エミー賞優秀賞。国内では文化庁芸術祭優秀賞、日本アカデミー賞優秀音楽賞などに輝いている。

んです、そうじゃないだろう、と。文化というのは衣食足りてから、さあ次に求めようというものじゃないんだ。もともとあるはずのもので、もともと生活にもくっついているものだって。いい洋服が買えました、ちゃんとした家もあります。次は文化を考えましょうって、そういう順番のものじゃないはずだ、ということをよく言いました。

その例のひとつが崩壊直前のレニングラードでの経験です。僕はホテル住まいだったけど、朝昼晩と同じ食事しか出ない。一方、街の外のレストランでは食器が足りない。パン屋には行列ができている。そういう時でした。それなのにオペラやバレエのチケットにダフ屋が出るくらい客が来てる。つまり文化とは、さあやりましょうとスタートラインに立って始めるものではなく飢えるのと同じように、ほしくなるものだろうと思うんです。

美輪　戦後の日本でも同じような状態がありましたよ。日比谷公会堂で何人かの音楽家が細々とオペラのコンサートを開いたら、人があふれて会場に入りきれないの。私たち食べるものも着るものもないのに、それでもなけなしのお金をはたいて聴きに行ったんです。

池辺　だから日本だって、飢えるように求めるということを知ってたはずでしょう。なのに文化というものに対する考え方が、まず経済成長に専念して、終わったら文化に専念しましょうというふうに、どこかですり替わってしまった。それが間違いだとわかってきたのが、やっと最近だと思うんです。

美輪　それを大衆のほうが先に気がついているんですよ。

池辺　もちろんそうですね。

美輪　防御本能で。

池辺　国家が気がついたかどうか。

美輪　いや、国家だけじゃなくて、あらゆる企業の管理職以上が気づいていませんよ。3周ぐらい遅れているんですよ。

池辺　なるほど、3周ですね（笑）。

文化や芸術は頭からハートに戻る

池辺　21世紀になった時、僕らは大騒ぎをしましたよね、ミレニアムだ、なんて。でも「世紀」とは、人為的に100年、1000年と区切ってるだけの話。しかし人類はこれまで20回ほど100年おきの区切りを繰り返してきたわけだから、どこかでそれを意識するようになってる。100年の区切りというのは、実はなかなかうまくできているのではないかと僕は思うんです。100年というのはほぼ4世代ですね。つまり自分から見て、親、祖父母、曾祖父母。4世代というのは、ひとりの人間が振り返ることができる限度なんです。だいたいみんなそうだと思います。そうすると100年の区切りというのは、ちょうど人間のひとつの意識をたとえば文化や経済、そういったものを区切らせるのにはいい長さであり、いいチャンスだという気がしませんか。

美輪 21世紀初頭の今が変換点だと。

池辺 そう。5、6年もたっちゃったらもう初頭じゃないから、この1、2年の間にいろんなことが始まらなきゃならならない。今すごくそういう気がしてます。

美輪 じゃあこの世紀の初頭に変換が始まるとしましょう。文化や芸術にはいろんなジャンルがあるじゃありませんか。それらがどういう系統へいくだろうか、またどういくことが望ましいかについてはどうお思い？

池辺 たとえば音楽でいうと、こういう説があるんです。初め音楽は人間にとって足の裏で感じるものだったんですね。

美輪 と言いますと？

池辺 つまり音楽は地面と直結していた。土を踏みならして踊ったり、猟をする時に獣《けもの》を追いかけながら歌ったり。足の裏で感じていた。ところが、だんだんそれが少しずつ上がってきた。中世からバロックあたりの時代になると、王侯貴族の食卓の伴奏音楽みたいになってきて、お腹で感じるものになってきちゃった。それからさらに時代がたって、19世紀頃には恋を語ったり、歌ったりというふうに、胸あたりにきて……。

美輪 ロマン派ですね。

池辺 そう、ロマン派になった。そして20世紀になると頭で考えるものになって、数字や数列を扱うみたいに音楽を扱うようになってきた。そうすると、頭より先はもうこれ以上いくところがないわけです。そうすると、方法としては……。

美輪　さあ、どうしましょう。

池辺　僕としては、方法はふたつしかないと思うんです。もう一度足の裏に戻るか、Uターンして胸にくるか。

美輪　池辺さんはどっちだとお考えなの。

池辺　今、土を踏もうと思っても土はあまりないですし、僕はやはり、Uターンして戻るほうが自然なんじゃないかと思うんですね。つまりハートに戻る。

美輪　ブラボー！　愛してる！

池辺　僕はそう思ってるんですけどね。

美輪　それはまさに私がずっと言い続けてること！　私がショパンやリスト、ハチャトリアンのリリックなものが好きなのは、結局、ロマンを愛してるということなんです。ハートへ戻っているわけです。だからみなさんにもそうなってほしくて、私はロマンあふれる文化や芸術をおすすめしてる。ハートは人間の体の中心にあるんですもの。これは世の中の中心だと思うんですね。つまり宇宙の中心。なのに最近は何をするのも、ハートではなく頭です。だから、ずる賢くなるばかりで痛みも感じない人間が増えてしまったんです。人の税金を猫ばばするような、外務省みたいになっちゃう。

池辺　20世紀初頭のアール・デコ※まではよかったんですけどね。どこかの100年の区切りの時に方向を間違えたんじゃ

アール・デコ
1900年初頭にパリで生まれたデザインの様式。1925年様式ともいわれる。幾何学的で直線的な装飾、省略とデフォルメが効果的に用いられたデザインで、当時の建築から家具、食器にまで広まった。ガラス工芸作家のルネ・ラリックや建築家のチャールズ・レニー・マッキントッシュなどが知られている。

アドルフ・ロース
ウィーンの建築家。装飾を極力排除した建築スタイルで、近代建築への道を示した。代表作に『シュタイナー邸』など。

ないかと思います。アドルフ・ロースという建築家がいましたけど、彼は音楽、美術、建築、すべてのものの装飾が、つまりルネサンスやバロックから続いてきた装飾という概念が、未来の文化や芸術にはなくなるだろうと考えたんですね。非常に合理性を追求するようになるだろうと。ある意味ではその方向性が20世紀をつくってきた。いっぺん間違えないと気がつかないのが人間なんじゃないですかね。

美輪 愚かですねえ。きっと歴史に学ばなかったんでしょうね。どうしていいところを残しておいて、それをいろいろ活用して、10倍に20倍にしていこうと考えないんでしょう。そうすればこの世はもっと美しいものがあふれて、人の心も豊かになるのに。美しい音楽に触れている池辺さんは、人生楽しいでしょう?

池辺 そうですねえ。でも、ときどき曲を書いていて苦しいこともありますよ。

美輪 それは楽あれば苦ありですよ。

池辺 よく「おしぼり人生」って言うんです。

美輪 どういう意味です?

池辺 作曲って毎日、朝から晩までやってるんです。何か少し足りないなと思うと、ギューッ、ギューッ。もう水気も出ないかな、と絞り出すように音符を書く。だからおしぼり人生。

美輪 それこそ生きがいというものです。素敵な人生ですよ。

いけべ・しんいちろう●1943年生まれ。東京芸術大学音楽部作曲科を経て、同大学院研究科修了。大学在学中に日本音楽コンクールで優勝するなど、早くから脚光を浴びる。作品数は200曲以上。演劇、オペラ、黒澤明、今村昌平、篠田正浩作品の映画音楽、テレビドラマから、合唱曲や室内楽まで幅広い音楽を手がける。ジャンルを超えた音楽家であり、現代の作曲家たちのリーダー的存在。

●この対談は2001年7月18日、パルコ劇場で行われた『こんにゃく問答』を収録したものです。

第四章

強い心を手に入れる

不幸な出来事や人間関係のトラブル。人生のピンチは誰にでも起こるものです。そんな時、泣いたりわめいたりするだけでは、いつまでもその繰り返し。何ひとつ解決には役立ちませんし、成長もできません。何があってもビクともしない強い心を手に入れるのはそんなに難しいことではありません。ピンチは自分を育てるチャンスです。

あなたは弱くない

生きていれば、悩み落ち込む時は必ず訪れます。
だけどそれはあなたが弱いからではありません。
問題に対処するノウハウを知らない、
ただ世間知らずなだけ。
人生経験が乏しくて、比べるものを
何も持っていないから悩むのです。
地球上のさまざまな知識を得る努力をすること。
360度の中のたった1度の幅の中で考えていても
答えなんか出ないのですから。

生きていればうまくいかない時は、必ず訪れます。悩んだり、落ち込んだりせず、もっと強くありたいと誰もが思うもの。でもその方法は意外に簡単なんです。

以前、栄養士の女性から、仕事がきつくて悩んでいるという相談を受けました。栄養士は彼女が憧れていた仕事。しかし精神的にきつく、同じ職場の調理師の仕事を試してみたら、体力的にはきついけど精神的にはラクだった。自分は体力的には耐えられるけど、精神的なつらさにはとても弱い。もっと強くなりたいけど、このまま逃げ出してしまいそう、という内容でした。

よく水商売の女性たちは、強くたくましいといいます。それはなぜだかわかりますか。仕事柄、あらゆる階層のたくさんの男女を見ているからなのです。この人はこう、あっちの人はああというふうに、比べるものをたくさん持っています。だから男を悩ますくらい、手玉に取れるんです。自分は弱いと悩んでいる人のほとんどは、実は弱くなんかないのです。ただ「比べるもの」を知らないだけ。人生経験が乏しくて、世間知らずだから、生きづらいだけなのです。相談者の女性は、栄養士と調理師を比べたというけど、たったふたつの仕事だけです。この世には、山ほど仕事の種類があります。その中で彼女が知っているのは360度の角度の中のほんの1度程度。答えを見つけるには、視野を広げることが必要です。異分野、異職種の人と話をしてみる。それだけでも「比べるもの」を獲得できるはずです。

私が子どもの頃、長崎の実家はまあ裕福でした。だけど私自身はそういう環境にいても、世間というものを冷静に見て、自分のおかれた状況を頭の中で整理していました。その後、家を飛び出し、東京で貧乏のどん底に。着替えもなければ、家もない。毎日知りあいの家を泊まり歩くような生活が続いたけど、私は耐えられた。子どもの頃のような贅沢な暮らしが、世の中のすべてではないことを知っていたからです。

そりゃあ毎日大変でした。しかしその一方、銀座へ出て歌えば私を天下に名だたる作家や芸術家が大切にしてくれたのです。ずっと後になって、その頃のことを『紫の履歴書』という本に書きました。序文を三島由紀夫さんにお願いした時、彼は私にこう言いました。「こんなに生活に困ってたのに、よくオレのところに金を借りに来なかったな」と。

私が三島さんに限らず、彼らに金銭面で頼らなかったのには理由がありました。必ずや将来、文学ではとても及びもつかないけれど、アーティストとしては、いつか絶対に肩を並べてみせると思っていましたから。しかしその時、過去に一銭でもお金の貸借関係があったならば、どうしても一歩下がらなくてはいけなくなります。それは絶対にイヤでした。つらかったあの頃、彼らに夢を与える存在でいたいという思いと誇りが、私を強くしていたのです。

やりたい仕事につけたから、あとは平和で幸せな日々が続くなんて思ったら大間違い。それはどんな仕事でも一緒です。何かをひとつ得て喜んだら、それに匹敵する苦しみや悲しみがあります。そこから逃げ出したらどうなるか。ずっと横ばいで成長しない人間になってしまいます。

人間の足は、カニの足とは違います。横ばいではなく、前に進むためにあるのです。

哲学する

ああでもないこうでもないと思いをめぐらせる。
行き止まりにぶちあたっても、もっともっと考えてみる。
それが「哲学する」ということなのです。
哲学とは学者だけのものではなく、
生活の中で庶民はみんな哲学をして生きていくのです。
誰でも哲学者なのです。
何ごとに対しても自問自答する心の作業を放棄したら、
自分も世の中もますますわからなくなります。

フラれた相手を追いかけ回し殺す。無言電話やインターネットを利用した中傷行為を繰り返す。ストーカーが社会問題化し、ストーカー規制法が施行されました。だけどストーカーとはこうした事件の犯人だけを指すのではありません。クビになった会社をいつまでも恨《うら》んでいるのも精神的ストーカー。贅沢三昧でカード破産をしてしまうのも、ものに執着した結果のストーカー。現代はストーカーだらけです。

戦後、日本は高度経済成長の道をひた走りに走ってきました。そしてまあ多くの人が蓄えを持ち、いいものを身につけ、ごちそうをたらふく食べられる世の中になりました。生活が豊かになっていくにつれ、人々が忘れてしまったものがあります。それは考えること。人は考えるという内的作業を放棄してしまったのです。

たとえば恋愛で、相手は自分にはもったいない人だし、あまり自分のことを好きではないみたい。だとしたら、足りない部分を努力で補えば振り向いてもらえるかどうかと考える。夫に愛想をつかされたのなら、なぜなのか原因を究明して、学習してもう一度やり直そうと努力する。

ところが反省もせず、学習はしないで感情や本能の赴くまま、ただ恋々として相手を執拗に苦しめたり、ひどい時は死にまで追いやる。そこには知的なもの、内的なもの、反省というものがまったくありません。人の心からそういう知力が消えてしまいました。だから人にも、ものにも偏執的《へんしゅうてき》になり、ストーカーになるのです。ただほしい、ほしいと、欲望だけにとらわれる。自分が何を持っていて、何が足りないのか、何点くらいの人間なのか。何もわかっていない人が多すぎます。

私のところには、読者やファンの方からたくさんのお便りが届きます。せっせつと悩みを打ち明ける手紙、迷いへのアドバイスを求める声。便せん何枚にもわたる長い長いお便りも少なくありません。機会があればそのすべての相談に乗りたいのはやまやま。でも本当は、私に便りを書く必要なんかないようにならなくてはいけないのです。

ああでもないこうでもないと思いをめぐらせる。行き止まりにぶちあたっても、もっと考えてみる。それが「哲学する」ということなのです。昔は学者だけのものではなく、生活の中で庶民はみんな哲学をしていました。日々の暮らし方、生き方、恋、世の中のこと……。

ひとりであれこれ考えて、自分なりの生き方のコツ、上手な暮らし方を日常の暮らしの中のあらゆる出来事の中から人生哲学として導き出していた。誰でも哲学者だったのです。

焦燥感《しょうそうかん》、不安、悲しみ、みんな何かしら抱えています。ただつらいだの、せつないだのぼやいて感情や情念の海に溺《おぼ》れていないで、それをひとつひとつ引きずり出して、整理して、分析するのです。

何が自分に足りないのか、では、しなければならないことはなんなのか、自分にできることはなんなのか。原因を分析すればスーッと霧が晴れていきます。欲望をかなえたいのであれば、その欲望に見合うだけの才能、教養、容貌、努力が自分にあるかどうか計算してみるのです。それが自分を知るということ。そして、それこそが誰にでもできる哲学なのです。

自分に誇りを

「いいかげんなヤツだ」と誰に言わせてなるものか。
そんな自分に対する恥と誇りがあれば、
一生後悔のない快い人生を送ることができるのです。
自分に誇りを持っていない人ほど、ぼやきます。
詭弁《きべん》で自分から逃げていると、
精神的に成熟できないまま〝古びた子ども〟、
〝子人《ことな》〟になってしまうのです。

大阪の池田小学校で8人もの生徒が凄惨《せいさん》な被害にあった事件は、記憶に新しいと思います。その直後、23歳の女性幼稚園教師が、正門で何者かに刃物で傷つけられたと訴えた事件が起こりました。類似犯かと世の中を震撼《しんかん》させましたが、事件は女性教師の自作自演の狂言。提出すべき書類ができておらず、追い詰められての行動でした。その女性教師のとった行動は、まるで小学生レベル。宿題ができなかったから「お腹痛いよ~」と仮病を使って学校をさぼろうとする子どもと同じです。そんな事件の真相が明るみになり、世間の多くが彼女のことを「バカだよね」と笑ったことでしょう。たしかに彼女は愚《おろ》かです。しかし本当に彼女のことを笑える人が、この世にどれくらいいるでしょう。

生きていく以上、仕事、立場などのさまざまな責任というものが人にはつきまといます。しかし、言い逃れ、虚言、ごまかしで、自分でとるべき責任を放棄している人がなんと多いことでしょう。責任とは、ただ人をがんじがらめにして、苦しめて、重くのしかかってくるものではありません。「あいつはいいかげんなヤツだ」と誰に言わせてなるものか。つまり自分に対する誇りが、他人にも責任をとらせるという行為をもさせるのです。自分で自分の責任をとれる人は、人から悪口を言われない。自分の言ったことに責任を持っていないことが、何より自分をみじめにさせるという気持ちがあるからこそ、実現できるようにがんばれるのです。

自分に誇りを持っていない人ほどよくこう言います。「私らしくありたい」「オレらしい生き方をしたい」。でも「私」「オレ」と言えるほど、自分に対し責任を果たしているとは思えません。ではその「私」や「オレ」はなんなのか、どれほど自分自身を知っていての発言なのでしょうか。この言葉は、怠け者が自分を正当化するために使う免罪符。一見、自尊心の高さに見えますが、実はただのエゴ、うぬぼれ、詭弁《きべん》以外の何ものでもありません。そうやって詭弁を弄《ろう》し、子どものように仮病を使い続け、精神的に未成熟なまま年を取っていく生き物は大人とは言いません。〝古びた子ども〟〝子人《ことな》〟というのです。今の日本はこうした子人だらけ。新聞沙汰にならないまでも、似たような精神構造の人は非常に多く存在しています。

何か不幸や不運に見舞われたら、誰でも人や世間や何かのせいにして、恨《うら》みたくなります。

私とてもそうです。神や仏ではないのですから。ずいぶん昔のことですけど、金銭関係で人にだまされたこともあるし、信じていた人間に恩を仇《あだ》で返すような仕打ちを受けたことも多多あります。そういう時、「私は悪くないのに」と責任転嫁しそうになります。

でも、私はそれで終わらせない。なぜそうなってしまったかをよく分析してみるのです。その人との出会いにまでさかのぼり、関係を築く中で起こったいろいろなことを思い出し考えてみるのです。そうすると気づきます。「私に見る目がなかったんだ。対処の仕方がまずかったところがあった」って。トラブルを防ぐ方法はあった。人情に流されてしまった部分もあった。「そうか、問題の大部分が私のせいなんだ」と気づくのです。そう思えれば気持ちのもやもやは、すっかり片づくものなのです。

たとえば上司や知人に怒られたとします。ほとんどの人が怒られたということだけに執着し、がっぷりと受け止めてしまいます。そして恨みます。怒ります。「なぜ怒られることになったのか」とその理由を冷静に分析しないのです。その思考パターンがすべてに広がっていきます。人生の中で起こった原因からは目をそらし、結果ばかりをクローズアップ。恨む、憎むという行為をし続けるから、みんな怨霊《おんりょう》になる。責任を人に押しつけ、被害者ぶっているからいつまでもつらいのです。自分が加害者でもあるという現実を見極めようとしないからなのです。

成熟していない日本の社会構造が、こういう人間を大量に生産しています。でもその波にのみ込まれず、かろうじて大人になっている人もたくさんいます。責任や恥や誇りというものに、無自覚なままでいることがいちばん恐ろしいこと。まずは自分の中の原因を振り返ってみることです。

人間関係の深層

この世は、芸能界も、会社も、サークルも、
幼稚園のPTAも、成分はみんな同じ。
悪意、ねたみ、そねみ、ひがみでできています。
それを知っているだけで人間関係は
とてもラクになります。
他人が発するイヤミな言葉や態度、
そんなものはサラリと流して、何気なく
スイスイと泳いでいけるようになります。

私のコンサートや舞台に足を運んでくださるのはほとんどが女性。バカな孔雀のように贅沢に着飾った女の姿なのに、たくさんの女性ファンに私が支持されている理由がおわかりになりますか？　それは、私が男だから。私が本物の女だったらそういきません。「許せない！」ってことになる。事実、私は何人かの女優には嫌われてます。

「私よりもキレイで、しかも実績があるなんて許せない！」。そりゃあそうでしょう。わかるような気もします。『黒蜥蜴《くろとかげ》』、『椿姫《つばきひめ》』のマルグリット、エディット・ピアフ、『双頭《そうとう》の鷲《わし》』の王妃などなど。そんな女たちを当たり役のレパートリーに持っている女優など、今の日本にいませんから。そのひがみたるや、すさまじいものがあります。だけど自分に自信のある名女優たちは、仲よくおつきあいをしてくださっているし、互いに尊敬もしています。

職場の同僚に、結婚が決まったことを伝えたらいじめにあい、孤立してしまった。恋人のいない友達に彼氏と海外旅行へ行ったことを知られて、ギクシャクしてしまった。20代はもちろん、30代になっても、まだそんなざれ言、寝言みたいなことを言ってる人がたくさんいます。自分は自分、他人は他人と、自己の確立ができていないのです。そしてもうひとつ、大事なことがわかっていません。人間関係とは何かということです。

人とうまくつきあえない人はたしかに増えています。そういう悩みに対して識者や評論家は安直に、生活習慣や家庭環境が原因だとか、その人個人の問題だとかなんとか言って結論づけます。でもそんなことをあれこれ探るよりも前に、知っておかなければいけないのは人間関係とは何かということです。

この世の中は、芸能界も、会社も、サークルも、幼稚園のPTAも、みんな同じ成分でできています。それは、悪意、ねたみ、そねみ、ひがみ。これがこの世の成分です。

「人の不幸は蜜《みつ》の味、人の幸せ癪《しゃく》の種」と言うでしょ。同僚に結婚話を幸せそうな顔で話してねたまれないわけがないし、恋人との旅行を彼氏のいない友達がひがまないわけがない。私が女優たちに嫌われるのも当たり前なのです。これを知っておくだけで、つまり、それらの成分がこの世の主成分だと心得ていさえすれば、人間関係はとてもラクになる。自分につっかかってくる態度やイヤミな言葉、そんなものはサラリと流して、何気なくスイスイと泳いでいけるようになります。

さらに、現代は社会の趨勢《すうせい》が機能本位、経済本位、利便性の追求に大きく傾いています。オフィスには素っ気ないスチール椅子と蛍光灯。灰色の壁や床やドアやエレベーター。車、家電、パソコンがどんどん進化して、人間は肉体を使う機会を逸しています。一切の情緒を排した無味乾燥な機能重視の社会構造が、人間の情緒を奪っているのです。だから心がカサカサの人糞《じんぷん》製造機として生きているだけになる。生きているロボットです。いきなり生身の人間と向かいあっても、うまくつきあえない、会話ができないのもしかたのないこと。人間関係の悩みの根本には、非常にグローバルな多くの深い原因が背景にあるのです。

では、少しでも改善するために何をすればいいのか。政治家や企業は世の中を変える気や知恵がないのですから、自分で守るしかありません。衣食住を見直し、心がカサカサにならない生活を心がけるのです。昔は生活の中にムダがたくさんありました。ムダな時間、ムダなもの、ムダな会話。それらはすべて〝必要ムダ〟。ムダと関わることで人間は慌ただしい日常から自分を守り、心の潤《うるお》いを保っていたのです。意外に思われるかもしれませんが、人間関係をうまくやっていくヒントは、こんなところにもあるのです。

人と人が出会うということ

素敵な出会いがないとぼやく人たちは
自分を昇華させる努力を怠っている暇人。
出会いがほしいなら、
教養と知識のネタを蓄えることが大切です。
その知識はいつかどこかで花開いて、
あなたを魅力的に見せるでしょう。
それはまるでハトやバラが観客を驚かす
楽しい手品のように。

出会い系サイトで出会った男女の事件が多発しています。アクセスしてくる男たちはただオッパイがほしいだけで、女たちも街で声をかけるよりは恥をかかずに〝恋愛〟にかこつけてやれる相手を探せる手段だから利用する。みんなさもしく、あさはかです。セックスだけが目的の相手と会うということがどんなに危険か、ちょっと考えればわかることでしょう。なのに中高生から、分別を持っていなければいけない中年のオヤジや主婦、母親までもがセックスの出会いを求めて携帯電話を握りしめています。

目的はセックスではなく、純粋に人との出会い、友情を求めているのだという人もなかにはいるでしょう。メル友を何十人も持っている人も少なくありません。その中から親友と呼べる人が出てくるのではないかと、みんな夢を見ているのです。

誰か素敵な人が現れて、自分の人生はもっと楽しくなるに違いない。相手は観音様のように自分の孤独を満たしてくれて、イヤなことは掃除機のように吸い取ってくれるはずだ。でもケンカやトラブルがあるかもしれないという悪い想像はしない。そして自分が相手にとっての観音様や掃除機になるつもりはないのです。ただしがみつきたい、すがりたいだけなのです。

そんな都合のいい人間関係がありますか。互いの性を問わず、人と人が出会い、信頼を深め、互いに尊重しあえる関係を築いていくということは、そんなにたやすいことではありません。携帯電話という手軽な手段で得られる確率はかなり低いでしょう。

天才たちとの出会いは必然でした

私は17歳でプロになり、『銀巴里《ぎんぱり》』でシャンソンを歌い始めました。そこでたくさんの人たちと出会いました。江戸川乱歩、三島由紀夫、東郷青児、川端康成、遠藤周作、そのほか有名、無名を問わずたくさんの人たち。私はどうしたら彼らと出会えるだろうとか、出会うために何かをしようなんて考えたことは一度もありません。私はただシャンソンを歌い、フランス語を勉強し、本を読み、美しいものをたくさん見て、必死で生きていただけです。貧乏でお金はなかったけど、自分の中の貯金を増やすことに没頭していたのです。

江戸川乱歩氏が店に来た日、私は隣へ座り、聞きました。

「明智小五郎って、どんな人？」

「斬ると青い血が出る男だよ。君は斬ると何色の血が出るんだい？。試しに僕が斬ってみようか……」

「およしなさいまし。斬ると七色の虹の血が出て、お目がつぶれてしまいますよ」

この会話ひとつで、江戸川さんは私を気に入ってくださった。でもそうなったのは、何より私が彼の作品を読んでいたから。彼に関するデータがあったからにすぎないのです。

よく人から聞かれます。「どうして美輪さんだけがあんなに多くの天才たちと出会い、交遊を築いてこられたのでしょう」。出会うだけなら、私と同じように彼らと出会った人はたくさんいるのです。現に私が江戸川乱歩氏と出会ったその日、友人も一緒にいましたし、同席していた人も大勢いました。でも、みんなそこから関係が進んでいかなかったのです。彼の本を読んでいないんですから会話も続かない。「へえ、小説家なんですかぁ」で話が終わってしまいます。私は文学、絵画、音楽、演劇と多様な芸術を吸収していて、しかも16歳そこそこだったから彼らは驚き、またファンにもなってくれたのです。

『銀巴里』は不思議な場所でした。別々の環境や境遇で生きてきた人間同士が出会い、結びつき、仕事として結果を残していくことになっていったのですから。江戸川氏と出会い、何年か後に彼の作品を三島さんが戯曲化して、またその何年か後に私が演じることになっていった。それが『黒蜥蜴《くろとかげ》』です。偶然ではなく、全部が必然。天の配剤です。誰かが頭の上で設計図を書いているみたいでした。

素敵な出会いがないとぼやく人たちは、私の隣で同席していた人たちと同じ。自分を昇華させる行動を何ひとつ行っていない暇人なのです。出会いがほしいなら、教養・知識を蓄えることが何より大事。「得意分野からまずひとつ……」なんて悠長なことを言っている暇はありません。二度、三度会っても「面白い人だ」と思わせるためには、2つ、3つ、いえそれ以上、さまざまな分野の知識を蓄える必要があるのです。蓄えられた知識はいつかどこかで花開いて、あなたを魅力的に見せるでしょう。まるで楽しい手品のように。自分の中にハトやバラを仕込むことが、出会いの近道になるのです。

真の友情とは

真の友情とは敬愛です。
相手を尊敬でき、相手からも尊敬される。
そんな関係を築くことができれば、
友情は生まれ、育ちます。
それはたとえば、1トンの土砂をふるいにかけ、
その中からひと粒の砂金を見つけ出すようなもの。
互いにふるいにかけあい、最後のひと粒に残れたなら、
生涯つきあえる真の友になり得るでしょう。

子ども時代、私には友達らしい友達なんていませんでした。上級生のボーイフレンドは山ほどいましたけど、たびたびクラス委員長をやっていたせいか、クラスメイトや同級生はみんな私を敬遠していたようでした。友達と一緒に遊ぶこともなく、私はいつもひとりでした。その時間をスケッチや習いごとや読書にあてていました。同級生の友達がほしいとは、一度も思いませんでした。誰かにフラれたとか、先生の悪口とか、そんな話題はうざったいだけ。それが人生の何になるのと思っていました。

「親友と呼べる人がほしい」と、みんな言います。そしてコンパやカラオケへ出かけていきます。でもそれが青春で、そこへ行けば友達ができるだろうなんてあさはかです。お酒を飲んで、歌って、それでおしまいでしょう。互いの間に介在するものが〝酔い〟以外、何もないのですから。いつも一緒にいなくてもお酒がなくても、共通の話題だけで成立していく人間関係。それが本物です。その助けになるのは、お酒やカラオケではなく文化です。コンパやカラオケへ足を運ぶくらいなら、趣味のサークルを探したほうがよろしい。

知性と教養と人格。互いにそれらを持てた時、同性間にも異性間にも友情は生まれ育ちます。相手を尊敬でき、相手からも尊敬される。そんな関係こそ本物。真の友情とは敬愛なのです。

たとえば、はずみで親しい異性の友達とセックスしてしまった。たいていはギクシャクして、その関係はおしまいになるでしょう。だけどお互いが本当に尊敬しあっている関係なら、「成り行きでああなったけど、どうってことないわね」と笑ってまた友達に戻れます。知性・教養・人格が恋愛やセックスの関係を超えさせ、人間としてつながらせてくれるのです。

また恋人ができたり、結婚したりすると、友達関係は疎遠になるといいます。でもこれは当たり前のことです。結婚すれば夫や子どもが大切になり、家庭に価値をおくようになる。経済もセックスも満たしてくれる父ちゃんのほうが、ただグチや思い出を語るだけの女友達よりよくなってきます。互いに信頼できている友達関係なら、そんなことで「裏切られた」「最近冷たいじゃない」などと騒ぎ立てません。

「彼女は自分と話すよりも、家族といるほうが楽しいから連絡してこないんだな」「沙汰のないのは無事の便り」「幸せに暮らしているんだな」と思えます。そして連絡があった時には、きちんと話を聞いてあげられる。それが本当の友情というものです。

ただし、そうなるのはとても難しいこと。私のように2000年近く生きてきて（！）、何千という人たちと出会ってきても、親友と呼べる人はほんの数人。もう亡くなってしまった人を含めても、両手の数で十分に足りてしまうくらいです。それがこの世の習わしというものなのです。たとえて言えば、1トンの土砂をふるいにかけ、その中からひと粒の砂金を見つけ出すようなものです。とてつもなく時間がかかる作業なのです。

自分が相手をふるいにかけるだけではなく、相手も同じようにあなたをふるいにかけるのです。互いにふるいにかけあい、最後にふるいの目に引っかかるひと粒の砂金にお互いがなれたなら、それは一生涯を通じてつきあえる真の友になり得るでしょう。

運命と宿命

宿命と運命は違うのです。
宿命とは人生の設計図でアバウトなもの。
その設計図の変更可能な部分に
何をどう建てていくかを考え、
実現させていくのが運命というものです。
つまり運命とは自分の意思と力。
「運命は自分で切り開くもの」というのは、
そういうことなのです。

占いは不景気な時ほどはやると言いますが、世相の不安を反映しているものではありません。要は暇なだけ。死にもの狂いで明日の食べ物を得る、生きるので精いっぱいという時代は、人は占いになんて頼らないものです。そんな暇はありません。

占い師はこの世にごまんといるけれど、本当によく当たるのは1％いるかいないか。占い師も超能力者も予言者もほとんどがインチキです。かつてノストラダムスの大予言が世間を騒がせましたが、日本は沈みましたか？　世界は滅びましたか？　みんなすっかり忘れてしまっているけれど、結局予言なんて当たらなかったでしょう。あれが立派な証明になっています。

「すごく当たる」と噂の占い師も、私の見たところほとんどがインチキです。ずいぶん昔のことですが、六本木の人気占い師を訪ねたことがあります。座ぶとんに座るなり、その座ぶとんが私を乗せたまま左斜めにピュッと動くのです。座り直してもまた勝手に動いて、今度は左側にあった小引出しに私の左手がピタッとくっついてしまいます。すぐにピンときて、

「すみません。この中に何かまつらなきゃいけないものが入っているらしいんですけど……」

と言ってその引出しを開けてみると、出てきたのは巻物。それを見た占い師が「あっ、忘れてた。田舎のお袋が死ぬ前にまつってくれと言って送ってきた先祖代々の系図と戒名《かいみょう》だ」って。占いに行くとこんなことはザラ。いつも道場破りして、だいたい勝って帰ってきます。向こうが「ありがとうございました」と頭を下げて、こっちがお金払って帰るんですからおかしな話です。

悩みや不安がある時、何か答えをもらおうと人は占いに頼ります。ただ、ここでひとつ頭に入れておかなければいけないのは、宿命と運命は違うということです。

占いでわかるのは宿命だけ。宿命とは人生の青写真、設計図で、非常にアバウトなもの。未完成なものと言ってもいいでしょう。その設計図に何をどう建てていくか考え、発想し、実現していくのが運命というものです。つまり、運命とは自分の意思と力。設計図を途中変更することもできるし、新しい発想で設計図に書き足すこともできる。自分の心がけ次第で変えていけるものなのです。

霊感がある、ある女性歌手から聞いた話です。彼女の友達が自殺してしまった時のこと、悲しくて泣いていたら、枕もとにその友達の霊が出てきたそうです。幽霊は足がないというけど、その霊は完全な人間の姿。彼女は不思議に思って「なぜ完全な形で出てこられるの?」と聞いたら、「集中力だ」と答えたらしいのです。そして霊が言ったそうです。自殺なんてしてはいけないのに、なぜだかわからないけど自分は自殺してしまった。その瞬間、どこからか大きな声が聞こえて、「はい、ご苦労さん」と言われたというのです。つまり本人にもわからなかったけど、それがその友達の宿命だったということです。

人の人生はいろいろです。しかし、私自身の経験と、ほかのたくさんの人たちを見てきた統計から言うと、宿命の40%はその意思力によって変えていけます。だから占いで言われたことだけが、答えのすべてではありません。どんな時も頼りになるのは自分の心ひとつ、胸三寸にあるのです。

手相なんてただのシワ、生年月日だってただの数字と思えばいいのです。当てにはならないものに頼るよりも、自分で自分の人生をつくっていくほうが信頼できるものに決まっています。「運命は自分で切り開くもの」というのは、そういうことなのです。

信仰と宗教の違い

神様と人間の間に立ち、中間の卸問屋《おろしどんや》をやって、
こういう拝《おが》み方がありまっせと言っているのが宗教。
清らかで、温かで、美しく、厳しく、強い、
エネルギー体である神仏に対し、
お力をお与えくださいと仰ぎ、
日常生活のさまざまな出来事の中で
自分自身をもまた神仏と同じレベルの魂にまで
高めていく作業を信仰というのです。
宗教と信仰の違いを見極めなければいけません。

瀬戸内寂聴さんの『法話の会』が、再開されました。この会は寂聴さんが京都で無料で行っているもの。参加者が後を絶ちませんでした。その人気に旅行会社が目をつけ、勝手に観光ツアーに盛り込んでしまい、申し込みが殺到。トラブルになるのを恐れ、寂聴さんは一時、中止を決意しました。

寂聴さんは本当に人のためになさっているのに、それを利用する人がいる。みんなが儲けさせてくれるお得意さんを鵜《う》の目鷹《たか》の目で探していて、巻き込まれるべきものではないものまで巻き込まれてしまう。残念なことです。

何かにすがりたい、救われたい。それは誰しもみんな同じです。不況、リストラ、家庭崩壊。そんな不幸からとにかく今すぐ脱出して、幸せに暮らしたい。助かりたい一心だから、お金ですむことならと思って大枚をはたいてしまう。たとえば病気で苦しんでいる人がいるとしましょう。入院しなければいけない、手術も必要だ。でも今は医療事故なんてしょっちゅうだから、科学は信じられない。だったら頼るのは奇跡しかない。そして怪しげな宗教にも入ってしまうのです。

ひとつわかっておいてほしいのは、宗教と信仰は違うということです。宗教は企業です。神様と人間の間に立って、こういう拝《おが》み方がありまっせ、こんなグッズ売ってまっせと、中間の卸問屋《おろしどんや》をやっているのです。その企業の中には優良企業もあれば、「お金を持ってきなさい」としか言わないインチキ企業もあります。尊いわけでも神秘的なわけでもないのです。信仰というのは教祖もお金も関係ありません。神仏を信じ、仰ぐことです。そしてまた、日常生活の中で憎愛嘆悲怒哀楽を体験し、反省、分析、思考し、やがては自分自身をも信じ仰ぐ、価値のある人に磨き上げていく作業を信仰というのです。

そもそも私たち人間をつくっているのは、未発見の素子だろうといわれています。中性子、陽子、電子、原子、そういったものの仲間。つまりエネルギー体なのです。キリストやお釈迦様や薬師如来もまたエネルギー体です。ただし、清らかで、温かで、美しくて、厳しくて、強く、思いやりがある、人間の理想像である純度の高いエネルギー体。私たちはそういったエネルギー体になることを、目指してこの世に修業に来ているのです。修業を積んで純度が高くなれば、もう生まれ変わる必要がなくなります。その清らかなエネルギー体である神仏に対し、お力をお与えくださいと仰ぎ、自分自身を高めていく作業を信仰というのです。

私は子どもの頃から霊的な力がありました。たとえば電話が鳴る前に「あ、あの人からかかってくるな」とわかる。人間はみんな誰もがそういうものだと思っていました。でもどうやらそれはそうではなく、特殊な力なのだとわかってきたのです。

また人の前世も見えます。昔はやみくもに、いつでも見えていました。それであまりに疲れてしまうので、神様に「もう見えないようにしてください」とお願いしたのです。そしたらパッと見えなくなりました。ときどきこの人は見てあげたいなと思っても、「ほっとけ、ほっとけ」と声がします。「なぜですか?」と聞くと、「今はその時期にあらず。この者はもっと苦労させなければ、ありがたみがわからない」などと答えが返ってくるのです。これも私に課せられた人生の修業なのです。

釈迦もキリストも日蓮も、聖者といわれている存在はみんな悲惨な人生を送っています。しかし何が起こってもビクともしない、強靱《きょうじん》で清らかな魂の持ち主になるには、それ相応の試練が必要なわけです。苦労が絶えない、試練の連続だ、そういう人は魂の上級試験を受けさせられていると思えばいいのです。何かのせいにしたり、誰かを恨《うら》んだりするからよけいにつらくなる。自分が自分を育てる親であり、師であり、子でも弟子でもあるのだと思ってください。すると自分を信じ愛する力もわいてきます。

明日という日

先のことを考えすぎると
取り越し苦労をしたり、誇大妄想《こだいもうそう》に陥《おちい》ったりして、
必ず人生に裏切られます。
大切なことはひとつだけ。
明日の朝、もしも目が覚めなくても
後悔しないと思える毎日が送れればいいのです。
明日があるなんて思ってはいけません。
今日という日がおろそかになってしまいます。

毎日、悲惨な事件や事故によるたくさんの人の死が報道されます。アメリカではあの同時多発テロで何千人もの人の命が一瞬にして奪われました。その報復でアフガニスタンでもたくさんの人が死んでいます。みんな私たちと同じように日々暮らし、人を愛し、生きてきたのに、死が突然、人生を終わらせてしまうのです。新宿歌舞伎町のビル火災で亡くなった44人の方々もそうです。死とは本当にあっけないものです。

昭和23年に起こった帝銀事件をご存知の方も多いでしょう。犯人は行員16人に毒物を飲ませ、現金を強奪。12人の命が奪われました。戦争でたくさんの人が死ぬのを目の当たりにした直後なのに、この事件は誰もが震え上がるほど、慄然《りつぜん》とする恐ろしさでした。

今の人がこの話を聞くと、たった12人で？　とピンとこないかもしれません。今はもっと恐ろしい事件が多発しているし、もっとたくさんの人が死んでいるのにって。昔は戦争も伝染病もあったけど、今ほど死が身近ではなかったのです。だからこそ死は人にとって恐ろしいものであり、よりリアルに受け止められました。

だけど現代は仮想現実と現実の区別がなくなっています。人を殺すことの恐ろしさ、死や恐怖を感じる感覚そのものが麻痺《まひ》してしまっているのです。たとえば映画を観に行くでしょう。大量殺人の映画ばかりです。スタローン、シュワルツェネッガー、ブルース・ウィリスなどなど、アメリカ映画の大半がそうですし、ゲームもそうです。ほとんどが大量殺人と暴力でできています。

そしてサリン事件以降、まるで劇画の世界のような予測不可能で凄惨《せいさん》な事件が日々起きています。学校で職場で電車で路上で。死が現代人の身近にゴロゴロしているがゆえに、人は慣れきってしまって、昔とは違いリアルに感じられなくなってしまっています。

国内で頻発する凄惨な事件や事故は、今後も後を絶たないでしょう。でも私はこんな時代だからといって、「死について考えなさい」などと言うつもりはありません。死を考えてこそ生きることの意味がわかるといいます。それもまた事実だけれど、幸せの価値観が人によってそれぞれ違うように、死の受け止め方もまた人によって異なって当たり前だからです。

たとえば父親を亡くしたとします。悲しみから立ち直れず号泣する人もいるでしょうし、やっと死んでくれたと万歳をする人もいるはずです。人と人の結びつきによって、死の受け止め方は変わってきます。

人間はみんな同じ体力、資質、才能、精神力を持った卵から生まれたわけではありません。何から何まで違う個性と思想を持っているものなのです。だから生きることの重さを感じる人もいれば、何も感じない人もいる。死が怖いと感じる人もいれば、そうでない人もいる。それはそれでいいのです。

私は、自分が死ぬことは怖くありません。ただやり残していることがたくさんあるし、愛する人たちもまだ手がかかる状態だから、それを片づけないうちに死ぬのは困るなぁーという程度。でもそれも天が助けてくださると思っています。

私がそうであるように、人はみんな、なすべきことを持って生まれてきます。それは仕事で成果を残すことかもしれないし、愛する人との愛に生きることかもしれない。ただこの世におぎゃーと生まれて、ただ死んでいくためだけに生まれた人なんていないのです。自分に与えられた必須科目は何かを考えてみてください。生きていくということは、その必須科目をまっとうしようとする行為をいうのです。

人間、楽観主義でいるのがいちばんです

しかし人生は計画どおりには進みません。将来が不安だからきちんと計画して、設計を立てても、先のことを考えすぎると取り越し苦労をしたり、誇大妄想《こだいもうそう》に陥《おちい》ったりして、必ず人生に裏切られます。人生は行動あるのみ、当たって砕けるしかないのです。

私は幼い頃、クラシックの歌い手になりたいと思っていました。でもある時シャンソンに出合い、ひかれ、生きていくためにもシャンソンを歌い始めました。やがて美しく、奥深く、お芝居にも通じるシャンソンにのめり込むうちに、いつの間にか本職になったのです。実はまったくの計算外でした。ファッション革命にしてもそうです。軍国主義の世の男はこういう格好をすべきだというお仕着せに、私は非常に腹が立っていました。だから反発したのです。日本古来からあるお小姓《こしょう》の平和の象徴である雅《みやび》なユニセックス的服を、考え編み出して着たら、それが私のトレードマークになったのです。

人生とは、瓢箪《ひょうたん》から駒で、余儀なくしてやったことや偶然がきっかけで、おのずと道が見

えてくることがあります。目標を持つことが悪いとは言いません。ただし、当てがはずれて当たり前、何が起こるかわからないんだと思っていること。それが上手な生き方です。

私なんて、いつもお気楽です。何が起こったって平気よ、といつも楽観的。〝経営の神様〟と呼ばれた松下電器産業の創業者、故・松下幸之助さんが「日本人の95％は悲観論者。残りの5％の楽観論者が各界をリードしている」という言葉を残しました。さすがに彼は人生を知っていました。彼の言うとおり、楽観主義でいるのがいちばんなのです。そう言うと必ず「では、楽観的になる方法は？」とみんな聞いてきます。ありません、そんなテクニックなんて！　発想の転換しかないんです。それを自分の頭で考えるのです。

ただひとつアドバイスできることがあるとすれば、現在を、今日一日をどう充実させて生きるか考えることです。明日の朝、もしも目が覚めなくても後悔しないと思える毎日が送れればいいのです。「明日があるさ」なんて言うけど、明日があるなんて思っていてはいけません。今日という日が、おろそかになってしまいますから。そうやって毎日を積み重ねていけば、将来への不安、妄想なんぞ、スーッと消えてなくなります。

わたしが愛した人々

美輪明宏をもっと理解するための4人

中原淳一

寺山修司

東郷青児

三島由紀夫

美しきロマンティシズムの体現者

中原淳一

junichi nakahara

なかはら・じゅんいち●1913年、香川県生まれ。18歳の時に作ったフランス人形が認められ、雑誌『少女の友』の挿絵を手がける。大きな瞳の少女の絵に日本中の少女が夢中になり、一躍人気画家に。戦後、46年『それいゆ』、47年『ひまわり』、54年『ジュニアそれいゆ』を創刊。美しく生きるための美学を提唱し、編集長として敏腕を振るった。イラストレーター、人形作家、スタイリスト、シャンソン訳詞、プロデューサーとして幅広く才能を発揮。45歳で病に倒れ、療養生活の後、70歳で死去。エッセイを集めた、『しあわせの花束』『ひまわりみだしなみ手帖』（ともに平凡社コロナブックス）が出版されるなど、近年ひそかなブームに。『河口湖中原淳一美術館』には原画、人形など5000点を収蔵。

美輪さんも舞台で演じた『椿姫』。ゴージャスな洋装から大正ロマンあふれる和装まで幅広く描いた。『ジュニアそれいゆ』1958年３月号掲載

人間として、本当におしゃれとはこういうこと

終戦後、物質に恵まれず、日本中が貧乏だった時代。そんな時代に創刊されたのが、中原淳一さんの雑誌『それいゆ』や『ひまわり』でした。日本の少女が美しく、賢くあるために。そう願い、中原さんが絵を描き、文章を書いた雑誌。私は子どもの頃、これらの雑誌の読者でした。

『それいゆ』や『ひまわり』には、おしゃれのコツや知恵、インテリアの技術など、ロマンあふれる暮らしのヒントが満載。そして物質的なことのみにとどまらず、女性として忘れてはならない立ち居振る舞いや言葉遣い、礼儀、思いやりの心の大切さなど、心のあり方や生活習慣にまで触れられていたのです。それは「美しく生きるため」の極上のエッセンスでした。

そしてそれは、私が日々心の中で考えていたことでもありました。「私と同じことを考えている人がいるんだ」という思いで、私は中原さんの雑誌を読んでいたのです。

その中原さんに偶然、知遇を得ることができたのは、１９５０年代

『青い鳥』。洋服のセンスや色彩バランスは現代にも通用するファッションのお手本。『ジュニアそれいゆ』1955年1月号掲載

の初め。私はまだ10代で、歌手デビューしたばかりの頃でした。中原さんの事務所が『銀巴里《ぎんばり》』のすぐ近くにあり、店にはしょっちゅう顔を出してくれました。当時私はやっと専属の歌手になれたばかりで、貧乏のどん底。持っている洋服も数少ないし、豪華な家具も買えない。そんな状況でも、知恵を働かせて、豊かに、そして素敵に暮らそうという思いは忘れませんでした。中原さんは、長年、自分が雑誌で言ってきたことを実践してくれている人間がいたことを「僕、とってもうれしい」と言って、とても喜んでくれていましたね。

その後、仕事でご一緒する機会にも恵まれました。雑誌のモデルになったり、全国を回るファッションショーでシャンソンを歌ったこともあります。

中原さんは、会っていてとても気持ちがいい人。なにしろ一度も変な格好を見たことがないのです。昭和30年代といえば、今のようにものがあふれていない時代。なのに靴下、マフラー、ベレー帽に至るまで、身につけているもののセンスが素晴らしい。そんな洋服や小物をどこで手に入れたのだろうと思わせるものばかり。おそらく自分で手作りされていたのでしょう。全身に彼の美意識が貫かれていました。そしてその色彩バランスの秀逸なこと。こっくりとしたオリーブグリーンと茶色を合わせるなど、色の組み合わせが天才的でした。

（上）『ひまわり』1950年４月号表紙
（右）人形制作にも力を注いだ。「昔の年上の人との恋を思い出す作品」と美輪さん。1967年制作

「素敵ですね」と私が言うと、中原さんは必ずこう言うのです。「いいえ、あなたのほうこそ素敵ですよ」「どうして？」「黒づくめの中に、コサージュをひとつ胸に飾っているでしょ。効果的ですよ」。そういう些細《ささい》な会話の中にも、人への思いやりを忘れないのが中原さんでした。私のほうが20歳以上年下なのに、決して粗雑に扱わない。本当のマナーを知っている。人間としておしゃれなのです。

中原さんは雑誌の企画から記事やイラスト描きはもちろん、レイアウトや撮影プランに至るまで、すべて自分の手でこなしました。人に任せておけない性分だったようです。たとえば撮影に使うドレスのドレープ寄せを誰かに頼む。「中原さん、あれでOK出すのかしら」と思って見ていると、やはり後で細かい部分を自分で直していた。なぜか私はそれが見ていてわかるのです。自分の舞台のすべてを自分の感性と美意識でつくり上げたいと思う私と中原さんは、どこか根本的に似ていたのかもしれません。

"表現"の世界を自在に泳いだ天才

寺山修司

shuji terayama

てらやま・しゅうじ●1935年、青森県生まれ。9歳の時、父がセレベス島で戦病死。米軍のベースキャンプで働く母が転勤になり13歳より青森の親せきが経営する映画館・歌舞伎座に引き取られる。この頃から詩・短歌・俳句の創作に熱中する。54年早稲田大学入学。しかし翌年、腎臓病をわずらい絶対安静の日々に。57年第一作品集『われに五月を』出版、以後生涯で160冊を超える著作本を残した。67年演劇実験室『天井桟敷』を設立し『青森県のせむし男』『毛皮のマリー』を上演。ラジオやテレビの台本作家、歌謡曲の作詞、『田園に死す』『草迷宮』『さらば箱舟』などの映画制作、競馬予想家、野球やボクシングの評論家など。表現のジャンルは多岐にわたる。83年肝硬変のため この世を去る。

1967年『青森県のせむし男』初演時。翌月に再演が決まるほどの大好評だった。美術は横尾忠則

私をアングラの世界へ引き込んだ人

寺山さんが主宰する劇団・天井桟敷《てんじょうさじき》の旗揚げ公演に出演したのは、1967年。『青森県のせむし男』という芝居でした。この頃寺山さんは婚約者の九條映子さんと一緒によく『銀巴里《ぎんぱり》』へいらしてた。「あら、いい男じゃないの」なんて私がからかうと、もじもじしてうつむいてしまうような人。私がそばに座っても、ひと言も口をきかないんです。

その理由は青森弁のなまりでした。地方出身だということに、彼は強烈なコンプレックスを抱いていたのです。私は長崎出身だけど東京なんてのんでかかってたから、いつも堂々としている。しかも自分と同じ年。「そりゃ、口なんかきけないですよ」と、ずいぶん後になって言っていました。

ある日、九條さんがひとりで店を訪ねてきました。寺山さんはN.Y.に滞在中。帰国後、劇団を旗揚げする予定で、その台本と彼女あての手紙を送ってきたというのです。「僕は丸山明宏さんをイメージして芝居の台本を書いた。あなたと丸山さんが本当に友人であるなら、その証拠にあなたの力で丸山さんをくどいてください」と。私の役は50代の醜女《しこめ》。台本に興味

1967年『毛皮のマリー』初演時。衣装はコシノジュンコ。その後、83年公演の稽古中に倒れ、寺山氏は帰らぬ人となった

をひかれました。アメリカではやっているアングラという芝居を日本でもはやらせたいという彼の考えにも共感し、面白そうだから旗揚げ公演を手伝うことにしました。それが『青森県のせむし男』でした。

でもせっかく会っても、うんでもなきゃ、すんでもない。私が話しかけても店にいる時と同じで、床を見つめたまま、靴のかかとを床にこすりつけたりしている。ところが仕事のことになると、火がついたようによくしゃべるのです。そして次に会った時は、また別のことを言う。自分の空想世界と現実がごっちゃになってしまう。まさに詩人でした。私は天才の条件とは、あきれるほどの幼児性と仕事における老獪《ろうかい》さの落差が激しいことだと考えています。ジャン・コクトーもモーツァルトも、天才と呼ばれる人はみんなそう。寺山修司もそのひとりでした。

『青森県のせむし男』に続き、書き下ろしてくれたのが『毛皮のマリー』。寺山さんとの芝居づくりの現場は、実にスムーズでした。「このシーンは『嘆きの天使』のあの場面のイメージよね」「これはフランソワーズ・ロゼの雰囲気でしょ?」。私も寺山さんも、映画、音楽、文学などあらゆる芸術に触れ、同じものを観てきた人間同士だったからイメージが正確に伝わる。話が早いのです。

美輪さんによる初演出で上演された2001年『毛皮のマリー』。寺山ワールドを見事に構築した

「このセリフこういう解釈でいい？」「深読みしすぎ？」。

そういうことを聞いても彼の答えはいつも決まっていました。「それで結構です」。本当にそれしか言わなかった。そして、「ふふふ」と笑っているのです。「オレ、こんなにいい芝居書いたかなぁ」なんて言って。

あの頃、私が目指していたのは、旧態依然とした演劇界の空気を突き破って新しい表現ができないかということでした。しかし主宰の彼としては切符の売行きも考えなきゃいけない。芸術をつくるのか、大衆に迎合する芸能にとどまるのか。意見が食い違ったこともありました。

でも彼は、芝居や演出に関しては常に「お好きなようにどうぞ」。そう言って私を自由にさせてくれたのは、お互いの感性を理解しあえていたからだったと思います。『毛皮のマリー』はその後何度も上演し、私の代表作のひとつに。そして私が舞台女優として注目されるきっかけになりました。寺山さんは私をアングラの闇に引き込んだ張本人といえるかもしれません。

優美で詩情あふれる「美人画」の画家

東郷青児

seiji togo

とうごう・せいじ●1897年、鹿児島県生まれ。青山学院中学部卒業。1915年日比谷美術館で初個展を開く。16年第3回二科展に出品し、二科賞受賞。生涯の師と仰ぐ有島生馬と出会う。21年フランス留学。以後7年間フランスに滞在。リヨンの美術学校に学びながら、ピカソや藤田嗣治ら当時の先端をいく芸術家たちと親交を深め多大な影響を受ける。28年帰国。独自の画風を築き、優美で繊細な「美人画」は多くの人を魅了した。33歳の頃、小説執筆のため取材に来た作家・宇野千代と会ってそのまま4年間同棲生活に入るなど奔放に生きた面もあった。後年は二科会会長を務めるなど日本美術界の重鎮として尽力。78年、80歳で逝去。東京・新宿に安田火災東郷青児美術館がある。

生涯を通して東郷氏は多くの女性画を描いた。これもそのひとつ。『四重奏』1955年

「美」とは誰にでもわかるものでなければならない

「絵のモデルになってくれませんか」。銀座の街でそう声をかけられたのが、東郷さんとの出会いでした。しかし声をかけたのは本人ではなく、お弟子さんや二科会の取巻きたち。5メートルほど離れたところに東郷さんは立っていました。本人は恥ずかしくて声をかけられなかったのです。「私はシャンソン歌手です。それにほかの画家のモデルをやっているのでお断りします」と言うと、「東郷さんのモデルを断る人なんていないよ！」と取巻きたちは大あわて。「でもそういう人間がひとりくらいいてもいいんじゃないですか」と言ったのが、東郷さんは気に入ったようでした。翌々日には『銀巴里《ぎんぱり》』へ来てくださいました。「ここは日本の銀座だぜ。そこでフランス語でシャンソンを歌ってるヤツがいる。しかも絶世の美少年ときてる。こんなの小説家が書いたら誰だって、そんなのいるわけがない、できすぎだと言うに決まってる。なのに実際にいるんだよな……」。『銀巴里』で初めて私の歌を聴いて東郷さんはそう言っていました。

東郷さんの死後ずいぶん後、娘のたまみさんと舞台の仕事で一

淡くはかない色使いが「美人画」の特徴。
『ラムセスの寵妃』1976年

緒になりました。その時彼女が「父親はねぇ、憧れてたの、〝そういうの〟に」と言うのです。〝そういうの〟とはつまり美青年と美少年の愛。東郷さんの出身地・鹿児島には古くからお稚児《ちご》さんを愛でる習慣があり、自分もそうなりたかったんだそうです。それで私に声をかけてきた理由がわかりました。

私がお会いした頃、東郷さんは50代の後半。しかし背すじがピンと伸び、脚もまっすぐで長くて、40代にしか見えない若さでした。当時は知らなかったけど、たまみさんに若い頃の写真を見せてもらったらなんとハンサムなこと。「私、中年はレパートリー外だったの。でもこんなにいい男だったなら、私、いつだって言うことをきいたわよ（笑）」と彼女に冗談を言ったくらいです。

東郷さんは私によく言っていました。「君と僕とは、めぐりあうのが遅かった」「先生がもっと後に生まれたらよかったのに」と返すと、「いや僕はいい時に生まれたよ。ピカソたちと交流が持てる時期にパリにいられたんだから。君がもっと早く生まれるべきだったんだよ」と言っていましたね。

東郷さんは24歳でパリへ留学。それはピカソ、ローランサンら芸術家たちがサロン

フランス留学中にリヨン郊外にて。27歳の頃。「つぶやくような話し方でした」と美輪さん

『洗濯船《せんたくせん》』に集い、パリがもっともパリらしく華やいでいた頃でした。そのパリで多くの画家、詩人などの芸術家と親交を深め、画家として自らの作風を確立。帰国後、東郷さんの描く「美人画」は世の中に広く受け入れられ、一流画家として名をはせます。

私は東郷さんの絵が大好きです。特に「美人画」が持っている優雅さや繊細さが。そして何よりタッチが緻密で素晴らしい。それこそが東郷さんの作品の持ち味なのに、私が東郷さんとおつきあいがあった頃は、作品に対する批判の声もちらほら聞こえていました。タッチが精密すぎる。あれは油絵ではなく、まるで工芸品だと。当時、工芸品は芸術の中で一段低いものと見なされていたのです。

東郷さんは自分の作品について、「美しいと感じてくれればそれでいい」と言っていました。首をかしげながら見たり、説明を聞いて納得する絵は絵じゃない。それは文学のジャンルに任せておけばいい。絵は見るもの、感じるものであって、考えるものではない。だから誰にでもわかる絵を描くのが、画家としてのモットーだと。東郷さんは誰にでもわかる美を追究した画家。そして耽美派《たんびは》でした。数年のおつきあいだったけど、その頃お話ししたことは、強烈な思い出として残っています。

最期まで「美学」を貫きとおした人

三島由紀夫

yukio mishima

みしま・ゆきお●1925年、東京都生まれ。学習院高等科を経て、東京大学法学部卒業。在学中に初作品集『花ざかりの森』が出版される。48年大蔵省を退職し、本格的な文筆活動へ。49年に発表した『仮面の告白』により作家の地位を確立した。以後、『金閣寺』『サド侯爵夫人』『潮騒』『豊饒の海』など後世に残る「三島文学」を次々と発表。執筆は小説のみにとどまらず、戯曲集『近代能楽集』や『黒蜥蜴』、歌舞伎にもなった『椿説弓張月』など演劇、評論の分野にも及んだ。68年、学生を会員とする民間防衛組織「楯の会」を結成。真の日本の文化的、民族的継承を訴える。70年、市ヶ谷の陸上自衛隊総監部に乱入し、割腹自殺。独自の美学に貫かれた生きざまは、今も多大な影響力を示している。

1968年大ヒットした舞台『黒蜥蜴』の打ち上げパーティで脚本の三島氏と。出会いから別れの時まで、精神と精神で結ばれた親交は深く続いた

親友でも兄弟でもないふたりの関係

三島さんに初めて会ったのは私が16歳の時でした。三島さんの小説『禁色』の舞台のモデルになった『ブランスウィック』というクラブで、私がアルバイトしていたのです。当時、三島さんは作家として世間の注目を集め始め、いつも取巻きに囲まれていました。なのに私は呼ばれても席に着かない。そのくせシャンソンを歌えばフランス語。三島さんは私にカルチャーショックを受けたんです。

三島さんと出会った頃、私の暮らしは極貧そのものでした。その後『銀《ぎん》巴里《ぱり》』の専属歌手になり、『メケメケ』『ヨイトマケの唄』が大ヒット。32歳で出演した寺山修司作『毛皮のマリー』で舞台女優として注目され、それを観た三島さんが私に「君の壮麗な技術をもってすればできる」とすすめてくれたのが『黒蜥蜴《くろとかげ》』でした。翌1968年、松浦竹夫氏演出で上演し、東京から主要都市を回り凱旋《がいせん》。歌舞伎座でアンコール公演が行われた夜、三島さんは私にこんなことを言ってくれました。「あの（銀巴里があった）銀座7丁目から歌舞伎座のある東銀座の4丁目まで、たったあれだ

『黒蜥蜴』は、1968年深作欣二監督によって映画化もされた。三島氏本人も“日本青年の生人形”として、出演。主演は美輪明宏

けの距離を君は15年かかって歩いてきたんだね」。三島さんとは知りあってからずっとつかず離れず。その距離でいつも見守っていてくれたのです。

松浦竹夫さんがよく言っていました。「三島と明宏が一緒にいると、どっちが兄貴で弟かわからないな」って。今もときどき考えるんです。私と三島さんの関係はいったいなんだったんだろうって。親友というわけでもないし、お兄さんという感じでもない。旦那《だんな》と芸者みたいな時もあるし、私が説法をたれてる坊さんで彼が信者さんみたいな時も。ただ三島さんにとって私は、最期まで不思議な存在だったんだろうなと思います。三島さんは官僚の家で育ち、文壇という虚飾の世界にまみれ、コンプレックスを抱えて生きていた。私はそんなものと一切無縁でしたから。

彼は自分の作品がどんなに称賛を浴びようと、決して満たされない人でした。そんなことよりもただひと言、「セクシー」と言われ、肉体をほめられるほうがよほどうれし

かったのです。ある時、女子高生がファンレターに「セクシーだ」と書いてくれた。それをバーにまで持ってきて、みんなの前で私に読ませるのです。ニコニコしながら、「そこのところを重点的に読んでくれたまえ」なんて言って。

「大切なのは精神より肉体だ」。それは彼の口ぐせであり美学でした。しかし私はそうは思わない。「人間は心です、精神ですよ」と言うと、彼はこう言いました。「君と僕は同じくらいの審美眼《しんびがん》を持っている。君は鏡に自分を映した時にそれがかなえられるけど、僕はそうじゃない。しかもそれを毎朝、毎晩、歯磨きする時に対面しなきゃいけない。それが一生続くと思ったら、君はどうするね」。

そんな三島さんを見て、私はいつも悲しかった。不遜《ふそん》な言い方ですが、かわいそうだと思っていました。いくらないものねだりをしても、かなわないものはかなわない。諦《あきら》められればラクになるのに、それができない人でした。だから自分が老いて老醜《ろうしゅう》をさらすことが耐えられなかったのでしょう。

自決事件の数日前、三島さんは公演中の私の楽屋へ来てくださいました。山のように抱えきれないほどのバラの花束を持って。そしてそれまで一度も言葉にしなかったのに、「君には心から感謝してる」と。そのバラは、今までの感謝の気持ちと、そしてこれから先の分だよという意味がこめられた花束だったと、今でも信じています。

第五章

現代をラクラク泳ぐ知恵

現代はものと情報にあふれ混沌《こんとん》としています。何が正しいのか、どちらの方向へ進めばいいのかわからず、人は戸惑い、さまよっています。でも人生をもっと楽しく、そして泳ぎやすくする知恵はあるのです。新聞やニュースやワイドショーが伝えない、正しい現代の〝読み方〟を私がじっくりお話ししましょう。

愛の言葉

「癒し」を手に入れる

今の世の中イライラして当たり前。
街はノイズにあふれ、
無味乾燥で不気味なビルが立ち並び、
政治・経済を含めた社会全体が、
人をいら立たせる構造になっているのですから。
ですから自分の部屋をお城にしてしまうことです。
「家に帰れば、平和がある」
そう思えれば、外での不快感も中和できます。
現代で身を守る防御策はそれしかありません。

現代を象徴しているなと感じる、こんな手紙をもらったことがあります。

「最近、電車や駅など、人の多いところで感じの悪い人がたくさんいます。ドンッとぶつかって無言で去っていく人、足を踏んでも平気な顔をしている人。毎日そういう人を見たり、自分が被害にあったりすると、私のほうも心がギスギスしてゆとりのない人間になり、小さなことでムッとしたり、舌打ちをするようになってきています。気にしないようにと努めてもうまくいきません。どのようにしたら、世の中のイライラ、せかせかした雰囲気に動じずにいられるのでしょう」

今の世の中、イライラしないほうが不思議です。ノイズをたれ流すテレビ、情緒障害を起こさせるゲームセンター、ゾンビが住むような不気味で無味乾燥なビルが立ち並ぶ街。政治・経済を含めた今の日本の社会全体が、人間をイライラさせる構造になっています。カッとしない人間でいようとしても、多勢に無勢、個人の力ではどうにもならないところまできてしまっています。もしも「私は足を踏まれても平気よ」と言う人がいるなら、その人はもうこの世に生まれてくる必要はなく、あの世で如来様としての修業を始めているはずです。

そんな世の中を生き抜くには、外で感じたイライラをどこかで中和するしかありません。自分を癒す環境を個人でつくる。それ以外に身を守る方法はないのです。

その方法とは、自分が暮らしているテリトリー、空間を自分の好きな平和で優しく楽しいインテリアでまとめることです。カーテン、壁紙、照明、絨毯《じゅうたん》。渋いものが好きな人は渋く、ロマンティックな雰囲気が好みの人は思いきりスイートに。日常使う湯飲み茶碗ひとつにしても、使えればなんでもいいというのではなく、とびきりお気に入りを用意します。つまり六畳一間の小さな部屋を、自分のお城にしてしまうのです。そうすれば「家に帰れば、平和がある」と思えます。扉を開け、部屋に入った途端、外で感じた不快感は中和できるのです。

世の中のほとんどの人は、その空間を持っていません。ただ寝に帰る、ただ暮らすだけの空間。会社や駅と同じ、無機質な蛍光灯とテレビのノイズと、街や店々で流れているやかましい金切り声や猛々《たけだけ》しい音楽が流れる部屋。そんな部屋になんの疑問も持たずに戻っていきます。疲れた神経を癒し、鎮静させる場所は、こんな時代だからこそ自分でつくり出さなくてはいけないのです。まず、自分の生活空間を見つめ直してみてください。

現代は「疲れちゃった……」な人ばかり

先日、新宿で「ねえ、美輪さん、聞いてよー」なんて話しかけてくる女の子がいました。面白いからしばらく話をしたんです。その子は「なんか疲れちゃうんだよね〜」と言うのです。若いのに疲弊《ひへい》しきってる。彼女みたいな人が、世の中にたくさんいて、みんな同じことを言います。疲れる、疲れるって。

疲れるのは当たり前です。人の心をなごますゆったりしたロマンが、この世からなくなってしまったのですから。人間が美しいものに囲まれて暮らしていられたのは、1950年代前半まで。今はそれがないから、みんな優しく美しいロマンを求めてさまよっています。安手のドラマの視聴率が30%を超え、「泣ける」と噂がたてばくだらない映画でも大盛況。K−1や、なんとか姉妹がはやるのも、ロマンへの憧れの勘違《かんちが》いがそうさせているのです。

今、卓袱台《ちゃぶだい》が若い人の間で大はやり。この現象ひとつとっても、現代人がいかに情緒や美を心の底で欲しているかがわかります。木のぬくもりや手作りの温かさがほしい。そういうもので自分の部屋を埋めつくしたいと思ってるのです。だけど企業側はわかっていない。相変わらず四角いデコラの味も素っ気もないものばかり作っているから、みんな卓袱台を探して回らなくてはならないのです。

ものに限らず情報もそうです。駅のホームから線路に転落した人を助けようとして、不幸にもふたりが亡くなった事故がありましたね。このふたりの行動は大きく報道され、共感と感銘を呼びました。ところがその後も危険な前例があったにもかかわらず、ほかの駅で転落した人を、果敢にも救ったという出来事が連続して報道されました。勇気ある人たちへの敬意、命が救われた安堵。誰もが興味を抱いていた出来事なのに、そういう立派な心温まる話は新聞の隅《すみ》にほんの小さく掲載されるだけ。紙面のほとんどは大々的に不正、汚職、贈賄《ぞうわい》。心を暗くさせるものばかりです。すべてにおいて需要と供給のバランスがとれていないのが現代なのです。

そのゆがみが調整され、世の中が正しい需要と供給のバランスを保ってくれれば、人の心も穏やかになるでしょう。でもそんな日を待っていては、寿命がきて命がなくなってしまいます。

ですから、もうこうなったらほかに方法はありません。自己防衛しようという意識を持つことが、何より大切なのです。誰も手を貸してはくれません。しかし、ちょっと意識し努力をするならば、明日からの疲れる生活も変わるはずです。あなたなりの改善策が必ず見つかるでしょう。そこで諦《あきら》めてしまっては、疲れっぱなしの人生になってしまいます。もったいないことです。

大人がいないこの国

合コン、カラオケバーという保育園で
遊んでもらっている男たち。
立派なオバサンでもギャル時代のままでいたがる女たち。
このままでは国全体が幼稚化し、
日本には大人がいなくなってしまいます。
大人には大人の楽しみや幸せがある。
その喜びを一度想像してみてください。
それはそれは明るく豊かで快適な
人生が待っているのですから。

２０００年から２００１年に変わる時、ミレニアムだ、カウントダウンだと世間は大騒ぎをしていました。いったいなんだっていうんでしょう。20世紀が終わり、その後に21世紀がやって来るのがそんなに珍しいことかしら。21世紀になったその日から急に何かが変わるというの？　なんにも変わりはしません。同じ平成の途中。ずっと時間はつながっているのです。

考えなければいけないのは、今年や来年といった近視眼的なことではありません。自分が生きている時間の中で何歳くらいでどうなっていたいか。つまり、基準にするのは「自分の一生」という単位なのです。

たとえば、趣味でも仕事でも、自分がやっていこうと決めていることがあるとします。その勉強やレベルアップのために毎日1時間費やしているとして、1年でどれくらい進めるか、10年後は、30年後は、と時間を設計していくのです。今年ダメだったから諦《あきら》めよう、もう25歳だからババアだ、50歳なんて人生もう終わり。そんなふうに世間の風潮に合わせて時間を区切って、ため息をついて、勝手に老け込んでいる人がなんと多いことでしょうか。しかし自分の時間の単位を主軸にして生きている人は焦らないですむのです。年齢なんてただの数字。個人差です。肉体も精神も年齢とは関係ないという事実に意識を持つことです。

現代は年齢なんてまったくあてになりません。昔は人生50年。でも今や80年、90年は当たり前の時代。でも長生きできる分、人間は薄まってしまいました。40歳、50歳だから立派な大人だと思ったら大間違い。そう思い込んでいるだけで、中身は昔の十代か二十代の未成熟なままです。

なんだかんだ言っても、この社会は男社会です。女性ががんばっても根本的な社会構造は昔のまま。男たちは成熟した大人の女は嫌いなのです。なぜなら彼らは劣等感のかたまりだから。自分が見上げなくちゃいけない女はイヤだから身近におきません。女性もそのほうが得だと知っているから少女ぶっていようとする。結局、オジサンも、オバサンも、少年や少女にとどまりたいのです。だから国全体がどんどん幼児退化していくのです。

銀座の高級バーなどは、閑古鳥《かんこどり》が鳴いているそうです。お酒や店の雰囲気を味わいに来る大人の客がいなくなってしまったからです。ミニスカートをはいてる女やカラオケがないとダメな男ばかり。男たちはひとりでは遊べなくて、合コンやカラオケバーという保育園で遊んでもらっているのです。女も結婚して子どもがいて立派なオバサンでも、ギャル時代のままでいたがります。だから出会い系サイトなんかで遊んで、それがきっかけで、殺したり殺されたりというさまざまな事件に発展しているのです。

親も大人になりきれていません。娘を嫁に出したくないし、息子の嫁もほしくない。いつまでも子どものまま家にいていいわよ、という親が増えています。パラサイトシングルなんて呼ばれていますね。家賃、光熱費は不要。食費を入れるならまだいいほうで、給料は全部自分のお小遣い。洗濯も家事も親任せだから、ずっと王女様や王子様でいられる。でもいくら幼児退化できる場所をキープしていても、現実社会の仕事場の中などでは大人としての責任を求められます。しかしそれに耐えられない人がどんどん増えている。これでは日本には大人がいなくなってしまいます。

こんな世の中で、自力で大人になろうするのは、はっきり言って難しいことです。よほどの知力、気力、努力がないと無理です。でも、大人には大人の幸せがあるのです。そういう喜びを一度想像してみるといいのです。自分の頭でものごとを分析し決断でき、自分のものさしで行動できる。成熟した大人の音楽、文学、演劇、美術、趣味、ファッション、大人の会話、しぐさ、洗練された動作。それはそれは豊かで明るく楽しい、自由で快適な人生が待っています。

そしてまた、もう日本はそろそろアメリカの真似をやめるべきです。ヨーロッパの知的先進国の成熟度に光を当てて、その国の持っている政治、文化、経済を輸入しなければいけません。スウェーデン、デンマーク、オランダなど、知性の窓をそちらに開けば、日本はもっと素晴らしい国になります。国としてまだまだ成長できるということです。

それは人も同じ。あなたにもまだまだ成長への無限大の可能性が開かれているのです。

日本を腐らせている犯人

「今の若いヤツらが大人になったら日本は滅びる」
それはウソです。
日本を腐らせているのは政財官界を含めた、
今の40代、50代、60代、70代。
連日マスコミを賑《にぎ》わせている
礼儀を知らず、恥知らずで、不遜《ふそん》で、無教養な強欲者の
この世代の再教育こそ、今最も必要なこと。
若い世代の迷いや悩みの根っこにある元凶は
実はこんなところにあるのです。

昔、30年ほど前までは、フランスの女性は持参金がないと結婚できませんでした。貧しい家の親はお金を用意できない代わりに、「エレガンスで美しいフランス語が話せるように教育してあります」と言って嫁《とつ》がせたのです。それが持参金と同じくらい価値ある財産でした。だから実家が裕福でなくても、娘は嫁ぎ先で堂々としていられました。何かひとつでも取《と》り柄《え》があれば、人は自信を持って生きられるのです。

でも最近の若い人には、自慢できるものがない。自信がない。だから上司に注意を受けただけでひどく動揺してしまう、仕事の失敗のショックから立ち直れない、週末の結婚式のスピーチが不安でたまらない……、驚くほど些細《ささい》なことにビビって、ビクビクしながら生きている人のなんと多いことでしょう。

若い人が抱えている問題の原因はどこにあるのでしょうか。

怠け者で努力をしない本人にあるのはもちろんですが、もっと別のところにあるのも事実。それは子どもに自信や取り柄を与えてあげられない今の親たちです。人から「怒られる」「しかられる」ということは、カルチャーショックです。人間が成長していくうえで必要なショックなのです。本来は親が子どもをしかり、成長を促さなければいけない。だけど今の日本人の親は躾《しつけ》も教育もまったくしませんし、できません。子どもたちはわがままに育てられ、ものだけは十分すぎるほど与えられています。いざ社会に出た時、字もろくに読めない、人とちゃんとした言葉で話もできない、礼儀も知らない。ないないづくしのスッカラカンで何ひとつ知的財産を持たないまま大人になるのです。みんな自分は生物学的にヒトだと思い込んでいるけれど、実はただのアニマル。人間という種類の動物。生きものだけど人ではないのです。

以前、東京の三軒茶屋で、40代のサラリーマンが数人から暴行を受け死亡するという事件が起こりました。犯人は18歳の4人の少年。犯人がわかるやマスコミは「また10代の犯行」という論調であおりました。しかし彼らは、親に付き添われながらも自ら出頭したのです。もしもこの事件の犯人が40代、50代なら自首どころか、家族にも事実を告げないでしょう。罪を隠して自分を守ろうと必死になるはずです。殺人事件の検挙者で最も多いのは17歳でも18歳でもなく、49歳の大人たちだというデータの事実は新聞でもすでに報道されているとおりです。

そのどうしようもない連中が子どもを育てているのです。そして文句を言っているのです。自分に自信が持てないと悩む若者も、すぐにキレて犯罪に及ぶ子も、その現象の根は実は同じなのです。バカな大人は「今の若いヤツらが大人になったら日本は滅びる」なんて言ってるけど、それは嘘です。今の40代、50代、60代、70代が日本を腐らせてるのです。

政界、財界、官界、各家庭のお父さん、お母さん、教師……。この世代の連中を教育し直してなんとかしないといけません。本当に日本は大変なことになってきています。この世にある美しいもの、生活を豊かにする知恵、礼儀作法、言葉遣い、思いやり、心の交流。人間が本当に知っておかなければいけないことを教えずに、大人は強欲無類な悪ばかりつくり出しています。小学生用の化粧用品？　それが子どもにとってなんの役に立つのでしょう。何がゆとり教育ですか。国をあげて、人をダメにするシステムをつくってどうするつもりなのでしょうか。

若い世代は被害者です。私はそれがわかっているから、若い人が好きだし、かわいそうに思い、力になりたいと思っています。たしかに10代が起こす凄惨《せいさん》な事件は後を絶たず、それは本当に悲しいことです。でも、彼らは金儲けや自分の立場のために、世の中全体をまとめて堕落《だらく》させるようなことはしていません。世の中は限界まできてはいますが、みなさんが望んでいる世界に変わっていく可能性はまだあるのです。

その一端をみなさんも担っていることを忘れないでいただきたいと思います。

世の中を俯瞰《ふかん》で見る

ゆがめられた情報に惑わされず、
正しい自分なりの視点を持つには、
観音菩薩のように宇宙に突き抜けるくらい
背高のっぽになって、世の中を俯瞰で見ることです。
そのために必要なのが教養と冷静な知性、客観性です。
教養を積み重ねれば、目線は高く、視野は広大になり、
見えるものが増えていきます。
比べるものも増えていくのです。

芸能人バトル、不倫、アイドル熱愛、そんなネタばかり繰り返し報道してきたワイドショーが、小泉総理の人気をきっかけに、政治を扱うようになりました。アイドルの熱愛発覚なんて珍しくもなんともない、不倫くらいじゃ誰も驚かない。スキャンダル不感症になった民衆は、もうそんじょそこらの芸能ネタなんぞの刺激度くらいでは商売にならないのです。老舗の写真週刊誌が廃刊に追い込まれたのもそのためです。扱うネタがない。困ったマスコミが目をつけたのが、政治という切り口でした。

そうやってワイドショーや週刊誌は、なんでもかんでもエンターテインメントに仕上げます。飯のタネが必要だからです。そのあおり方が尋常《じんじょう》じゃない。過熱するマスコミの報道に踊らされてばかりではいけません。

木村拓哉と工藤静香の結婚が知られた時も、テレビはそのニュースで持ちきりでした。周囲を観察してると面白かったでしょう。「もうキムタクのドラマなんか見ない！」と本気でショックを受けているファンもいれば、「あら、そう」と冷めた感想の人も。誰と誰が結婚しようが本人たちの勝手。好きあって一緒になるならそれでいいじゃないという大衆の受け止め方、実に人それぞれでした。それにしても私があきれたのは、過熱するマスコミの報道です。

ある週刊誌の見出しが「日本列島激震」。なんで激震なんでしょう。日本にはほかにもK―1やJリーグのスターもいるし、演歌やロック、フォーク、ゴスペル、クラシック、歌舞伎、ミュージカル、演劇、バレエと、ほかにも人気アイドルはいます。沖縄から北海道の果てまで日本全国民がキムタクや工藤静香のファンってわけじゃありません。なのに日本中が泣いた、わいた、驚くべきだ、関心を持つべきだという書き方。

あの時くらいマスコミの言葉の選び方の貧しさ、バカさかげん、稚拙《ちせつ》さ、見識のなさが表れたことはありませんでした。記者会見に200人の報道陣と50台のカメラが押し寄せたというけれど、東京都だけでも1200万人いるんです。日本の人口は1億2500万人。そのうちのたった200人が来たからといって、それがなんだっていうんです。

10代や20代の私のボーイフレンドたちは「あの報道のすごさ、引くよね」と言っていました。松田聖子が再婚相手と離婚した時の報道もそうです。若い子たちは「新恋人って噂の原田真二って誰？」って感じでした。今の若い人たちは松田聖子や工藤静香の全盛期を知らないのです。だけど報道する側のオジサン、オバサンは当時の感覚のまま。自分たちと同じような価値基準で世間も関心を持っていると思っている。井戸の中の自分たちと、世間がズレていることに気づいていません。芸能、スポーツ、政治。それぞれの世界で、ものを言ったり書いたりしている人の数も多くはないのです。その人たちが「われわれ一般人は」「常識から見れば」という言い方をします。他人を引きずり出して、自分の意見を正当化しようとしてるんです。その「われわれ」って誰のこと？　と疑問を持たなければいけません。そういうものを規範にして世の中を見てはいけないのです。あの報道を見て「なんか引いちゃう」という人はむしろ常識人。マスコミに踊らされていないということです。

背高のっぽになれば見えるものが増えていきます

ゆがんだ情報に惑わされず、自分なりの視点を持つためにはどうすればいいのか。そのためには世の中を俯瞰《ふかん》で見ることです。少し遠く高いところから、引いて眺める。観音菩薩の身長は180億万那由他由旬《なゆたゆじゅん》といわれています。那由他は古代インドの数の単位で極めて大きな数量のこと。由旬も古代インドの距離の単位。つまり億や兆じゃなく、宇宙に突き抜けるほど高いということです。その高さから見ると、現代の動きはもちろん、時間や歴史の流れまでが実にくっきりと見え、そして先の先まで読めるのです。

何かひとつの問題が起きるとほとんどの人はその2、3年前後の事柄を引きあいに出して判断します。気のきいた人でせいぜい10年くらいです。でもそれでは少なすぎます。私は昭和10年生まれですが、明治や大正のこともよく知っています。「まるで明治時代に生きていたみたい」とよく言われるくらいに。それに私が「ついこのあいだ……」と言うのは、18世紀のフランス革命あたりのこと。政治も文化もそのあたりからどう変わってきたかが頭に入っているから、そこから分析してものを判断し、発言するわけです。

たとえばインテリア関係の仕事につきたい人が留学を考えているとします。昔は美といえばフランスでした。でも今はアメリカ文化の植民地と化しています。フランスにもイタリアにも日本人の大好きなブランド品はたくさんあるけれど、本当の美なんて希薄になっているのです。だけど同じヨーロッパでもフィンランドやデンマークのように頑固に自国の美意識を守ってきた国もあります。自分の感性と合うと思うならそっちに行ったほうがよっぽど、本人のためになるでしょう。はやりの情報に踊らされていてはわからないことも、歴史や専門書をひもとけば、自分で簡単に見つけ出せるのです。

そしてその積み重ねが、あなたたちを少しずつ背高のっぽにしてくれます。いきなり観音様ほどには高くはなれないけれど、確実に目線は高くなり、見えるものが増えていくはずです。つまり自分の身長を高くしていくために必要なのが理知と教養なのです。教養が積み重なれば、比べる材料も増えていきます。そうすれば自分なりの、しっかりとした自信に裏打ちされた意見や深い視点を持てるようになり、何が起ころうが揺らがない不退転《ふたいてん》の自分でいられるのです。

言葉のちから

人間は言葉を使って生活し、
学び、仕事をし、愛を語ります。
つまりこの世の中の根幹にあるものは言葉です。
その根幹が崩れ、ゆがみ、揺らいでいるから、
人間社会全体の秩序が乱れ、
さまざまな事件も起こっているのです。
「いじめ」「ジコチュー」……。
時代に蔓延《まんえん》した病までも映した汚く、崩れ、
ゆがんだ言葉は決して使ってはいけません。

最近、若い人と話しているとあきれてしまうことがあります。多種多様な形容詞をほとんど知らないのです。何を見ても「かわいい！」のたったひと言。その言い方がもう定着してしまっています。私の10代、20代のボーイフレンドたちもそう。どんな言葉を使おうが個人の自由ですから、たしなめたりはしません。でも私はその代わりに「素晴らしい」「素敵だ」「しゃれてる」「粋だね」「スマートだ」「愛らしい」「まぶしいくらい」「なよやかな感じ」などと、「ほかにこういう言い方もあるのよ」と教えてあげるのです。

はやり言葉は江戸時代の昔からあります。それらの言葉は庶民の間で流布《るふ》し、やがて日常化。そうやって日本語は変化を遂げてきました。「かわいい」くらいならまだいいでしょう。しかし、安直にはやらせてはいけない言葉がはやっているのが現代です。これは恐ろしいことです。

たとえば「いじめ」。当たり前のように使われている言葉ですが、その実体は決まりや秩序をおかして人を傷つけるという意味で、いじめではなく「暴行」「恐喝」「犯罪」と言ったほうがいいのです。「カツアゲ」は「恐喝」、「援交」は「売春」。本来マスコミは、さもありふれたことのように、これらの言葉を使ってはいけないのです。なぜなら「いじめ」という言葉が存在し、マスコミが使って誌面に踊ることで、見る側に「いじめくらい別に……」と免疫ができてしまうからです。その言葉の持つ意味に鈍感になって、行為自体も日常化します。逆にマスコミが「いじめ」という言葉を使わずに、「いじめ」の本来の意味を表す「犯罪者」「暴行犯」「強盗犯」「脅迫」「殺人未遂」という言葉を正しく使うならば、「いじめ」という言葉で軽い意味にすり替えられた犯罪は、減っていくかもしれないというわけです。「いじめっ子」と言われても「フン、それがどうした」と言える人間も、「犯罪者」「殺人未遂犯」と言われればドキッとします。誰だって、犯罪者と呼ばれたり、書かれたくはありませんからね。

流行語大賞に選ばれた「ジコチュー」。この言葉だって安易に使っていると、たしなみのない本当のジコチュー人間になってしまう危険性があります。今は世の中全体がジコチューです。各省庁の役人たちは、国民から税金を取って自分たちがラクすることしか考えていません。政治家も自分たちの派閥や利権のことばかり。企業だってあの雪印のように、消費者ではなく、自社の利益追求しか頭にない。思いやり、気遣《きづか》い、スマートさを全部切り捨てて生きてきたツケが、見事に言葉に表れています。

また、若い子たちは「彼氏にフラれて〝失恋ウツ〟なんです」「新しい職場になじめなくて今〝転職ウツ〟で……」と、ウツという言葉をやたらと使います。これも週刊誌や新聞、マスコミの造語です。何にでもすぐに名前をつけたがるマスコミはウツという言葉まで、はやり言葉にしてしまいました。

言葉は時代を映しています。そして時代に蔓延《まんえん》した病までも映しています。言葉とはそれくらい大切で、影響力のあるものです。人間は言葉を使って生活をし、学び、人と話し、商売をし、仕事をし、愛を語ります。つまり、この世の中の根幹にあるものは言葉なのです。その根幹が揺らいでいるから、さまざまな事件が起こっているのです。親と子も、教師と生徒も、上司と部下も、みんなぞんざいなタメグチ。敬語や丁寧語など忘れさられてしまいました。こうしたけじめのない会話が、人間関係の秩序を乱しています。

この状況を救うには、美しい言葉に触れるしかありません。日本古来からの本を読み、たくさんの美しい言葉や素敵な表現を自分の中にストックするのです。小説や詩にはさまざまな描写が出てきます。風の匂い、せせらぎの音、空の色。そのディテールを自分なりに自由にイメージし、言葉で記憶していくのです。読書は知識を吸収するだけのものではありません。精神を豊かにしてくれるものです。テレビや雑誌の中に踊る言葉しか知らない人生では、薄っぺらな人間にしかなれません。

英語をはじめとした外国語なんて後回しでいいのです。まずは自分のアイデンティティ、日本語の勉強から始めてください。

愛の言葉

人として生きる

現代は、便利に便利にとすべてが機能本位。
プロセスを味わうことは悪徳になってしまいました。
だからと言って「面倒臭い」を口ぐせにしていると、
無気力になって、知能と行動レベルが低下します。
そのうち食事もセックスも面倒になり、
いずれ人間でなくなります。
座敷ブタか家具になります。

高校や大学を卒業しても、定職につかないフリーターが増えています。東大や京大など一流といわれる大学卒業者にも増えていると聞きます。大人たちから見れば、彼らはただフラフラと自由気ままに生きているように見えるのでしょう。だから批判したり、日本の将来を憂《うれ》いたりするのです。

だけど昔と今とは大学の質も社会構造も何もかも違ってきています。今までにないベンチャー企業など、新手の商売が続々登場して、働くということひとつをとっても、選択肢は多種多様になってきました。古いマニュアルに違和感を感じ、既成の構造に吸収されることに抵抗する人が出てくるのは自然の成り行き。新しいマニュアルで生きようとしたら試行錯誤するしかありません。政財官界は汚職やスキャンダルだらけ、永久就職と思われていた大企業もリストラだらけ、何ひとつ信頼できる将来性のある仕事も人も見当たらなくなっている。それが今フリーターという形で現れてきていると、私は考えています。

自分と社会の間の違和感と戦う時間が、人生の中に何年かあってもいいのです。入社したらあとはそのまま、苦しみもせずに永久就職できた先頃までのほうがおかしかったのです。

周りの目なんか気にすることなく、もっと試行錯誤してみればいいのです。それが自分の価値で生き、働くということです。

ただフリーターの中には、定職につくのが面倒だから、という人も少なくありません。気が向いたらバイトして、適当に遊んで、お金がなくなったらまたバイトを探す。そのうちバイト探しも面倒になってきて、結局親のすねかじり。「面倒臭い」という言葉ですべてを片づけていると、無気力になって、知能も行動レベルも低下します。

事実、最近はお風呂に入るのが面倒臭くてシャワーですませるならまだいいほう、入浴も下着を替えるのも3日に一度くらいという人が増えていると聞きます。おいしいものを食べに行こうよと誘ったら、かむのが面倒臭い。髪をとかすのも、出かけるのも、セックスも面倒。なんでもかんでも面倒臭い。人間としての生理レベルまでも低下し、いずれ人間でなくなる。こういうフリーターは間違いなく、将来、社会のお荷物になります。

しかし、そういう人たちからよくよく話を聞いてみると、みんな「夢がほしい、あれもほしい、これもほしい」と言うのです。なのに行動には出ない。それで文句ばかり言っています。まるで千年くらい誰も通らない峠の茶屋で、ほこりだらけのせんべいをならべて、私のせんべい買ってくれーって言ってるおばあさんみたいなもの。想像してみてください。鬼気迫るものがあるでしょう。

たとえば何かに興味を持ったら、本屋に出かけ、目当ての本を探し、読む。こうした作業は面倒といえば面倒なことです。現代はすべてが機能本位で、手間やものごとのプロセスを味わうということは悪徳になってしまいました。便利な世の中にはなったけれど、その見返りとして人間が喜びや感動を手に入れるチャンスが減ってしまったのです。

「面倒臭い」と生活や身の回りのことをはじめ、何もかも投げ出してしまう人が増えるのもしかたのないこと。だけどそれでは人生の敗残者になってしまいます。敗残者のまま何か勲章を得ようなんて、ずうずうしいことです。まずは動き、迷い、探してごらんなさい。そうすれば、自分の歩くべき道がはっきりしてくるでしょう。夢への入口はそこにあるはずです。

愛の言葉

畏《おそ》れという感情

世の中に怖いものがあるということは
必要なことなのです。
人間は目に見えない自然の力や神秘や命の妙に、
もっと「畏れ」を感じて生きるべきなのです。
敬意と言い換えてもいいでしょう。
「畏れ」は暴走しそうになる心を制御するブレーキ。
怖いものがあるから
自分を律する方法を考えるのです。

現代人が毎日のように利用している携帯電話やパソコン。電話やメールだけでつながる人間関係の事件が多発しています。匿名性の強い世界だから自分をコントロールできなくなり、トラブルになりやすいと短絡的に決めつける人も多いけれど、私は理由はもっとほかのところにあると思います。

たとえば組織ぐるみで判事の妻の犯罪を隠蔽《いんぺい》した事件。その妻は交際相手と一度も会ったことがなかったと聞きます。その相手の心変わりに逆上し、ストーカー行為を繰り返しました。事件はついでに法曹界の癒着《ゆちゃく》という大きな問題を生みましたが、注目すべきは彼女の態度。スキップで留置所へ入り、逮捕後も特別室を用意しろと傲慢《ごうまん》な態度を見せたとか。判事である夫は偉い、警察も検察も自分の手のうち。怖いものなどないと思っていたのでしょう。だから何千回も無言電話をし中傷ビラをまき、他人に対して卑劣で残酷な仕打ちができたのです。

彼女に限らず、最近は怖いものが何もないと思ってる人がとても多いようです。世の中に怖いものがあるということに、みんな鈍感になってしまっています。昔は子どもが悪いことをしたら「おまわりさんが来るよ」なんて脅《おど》したものです。今はそんな脅かし方はしません。「地震、雷、火事、親父」という言葉の意味も、今の子どもにはわからないかもしれません。父親も学校の先生も友達感覚でバカにされ怖くないのですから。幽霊の存在さえ、知ったかぶりの科学者が否定します。

たしかに科学が発達して人間社会は豊かになりました。だけど人間は目に見えない神秘力、自然の力や命の妙に、もっと「畏《おそ》れ」を感じて生きるべきなのです。敬意と言い換えてもいいでしょう。「畏れ」は人間に必要不可欠なもの。暴走したり崩壊しそうになる自分を制御するブレーキなのです。怖いと思うから自分を守り律する方法を考えるのです。

頻発する少年犯罪も、「畏れ」の感情と無縁ではありません。もしも子どもに「なぜ人を殺してはいけないの?」と聞かれたら、あなたはどう答えますか。困ることはありません。それは自分もまた殺されるということ。痛い思いをして、目の玉をえぐり取られて、口を切り裂かれて、気持ちいいと思うのか。それをイヤだ、怖いと思うのなら、他人も怖いの、痛いの。だからやってはいけないのです。そういうことを子どもに伝えるべきです。

そして、殺したいと実際に思ったのか、どういう時に思ったのか、なぜそう思ったのかを聞くのです。聞くといろんな答えが返ってくるのです。だけどほとんどの大人は絶句するでしょう。言うべき言葉も見つけられず、聞くことも恐れ、ただうやむやにする。そんな卑怯なことではいけないのです。

生きるということは「畏れ」の連続です。そして「畏れ」という感情があるから、自分の命や人の命を慈《いつく》しむ気持ちが生まれるのです。それを大人が子どもに教えなければいけません。それが大人の責任なのです。

戦争が教えてくれたもの

２００１年のテロ戦争。
このような悲惨な出来事が起きると、
人はすぐ感情に流されてしまいます。
しかし、これでは報復合戦は終わりません。
必要なのは知性です。教育です。
皮肉にも戦争は、人間にとって理性と知性が
いかに大事かを教えてくれる勉強材料なのです。

2001年9月に起こった同時多発テロを受けて、アメリカが報復。世界情勢は大きく揺らいでいます。今回のテロ戦争は、たとえて言えば、ある公式にある数字とある数字を入れたら答えが出る。そんなふうに方程式の答えが出たのと同じこと。くるべきものがきただけのことだと私は考えています。

戦争とはいったいなんでしょう。多くの人は政治家が戦争を起こしてきたと思っています。でも政治家は単なる利益代表で、裏で糸を操っているのは軍需産業に携《たずさ》わる経財界のヤツらでした。世界のあちこちで起こってきた戦争の陰には、死の商人の存在がありました。そいつらが敵も味方も申しあわせて起こしてきたのが今までの戦争の真相です。

でも、今回は今までとは違います。乗っ取られた旅客機が世界貿易センタービルに突っ込んだ映像は、私にはあたかも古代が超近代にタイムスリップしてすべり込んだように見えました。アメリカという行きすぎた超近代と、近代に背を向けたままの思想、生活習慣を貫こうとする反近代思想のせめぎあいが今回の戦争です。行きすぎた超近代と行きすぎた反近代思想。これを言い換えれば、行きすぎた自由主義と文明を拒否してきた不自由主義のぶつかりあいと言えるでしょう。

アメリカは快楽をむき出しにし、世界中に汚物のような粗悪な文化をたれ流ししてきました。経済を牛耳《ぎゅうじ》り、戦争でこれまでどれだけの無数の罪もない人間を殺してきたでしょう。アメリカは〝自由主義〟を通り越し、〝放埒主義《ほうらつ》〟の国になってしまったと私は思っています。自由と放埒は、似て非なるものです。自由とは好き勝手やっても人に迷惑をかけず、自分で責任をとること。放埒とは周囲を悪い方向に巻き込み苦しめ、ひどい目にあわせても、自分のやりたい放題をやり、責任をとらないこと。放埒はまさに今のアメリカの姿を的確に言い表した言葉なのです。

アメリカのそんな自己中心ばかりの放埒ぶりに腹を立てたのが、今回のテロの首謀者と見られているビンラディンでした。彼は幼少時にイスラム教の特殊な教育を受けたといいます。そのために過激な思想を持つようになりました。そして旧ソ連の侵略や湾岸戦争など、中東をめぐる争いが繰り返される中、彼は強い反米感情を抱くようになり、今回のテロに至ったというわけです。ビンラディンの思想は行きすぎていて、理不尽な世界をつくり出しています。そんな彼を庇護《ひご》していたアフガニスタンのタリバン政権も問題です。彼の思想と宗教とは別なのです。なのに思想を宗教にすり替えて、錦の御旗《みはた》にしているずるさが目立つのです。

私は以前、イスラム教の聖典であるコーランを読んだことがありますが、私がいつも言っているのと同じことが書いてありました。こだわりをなくしなさい。見えるものを見るのではなく、見えないものを見なさい。

私はそう理解しましたが、同じ聖典でも読む人の視点によって解釈はさまざまです。だからアラブ諸国には、私たち日本人には考えられないくらい前時代的な暮らしぶりが今も厳然《げんぜん》とあります。女は顔を見せる必要もない、教育を受ける必要もない。封建的すぎるじゃありませんか。

こうした反近代思想は根絶やしにしなくてはいけない時期にきていたし、超近代国家にも警告がなされる段階に入っていた。両方が限界まで拡大増長。方程式に入れる数字が揃ったのです。そして今回の事件……。

21世紀を迎えて、その総決算が今になったというわけです。

日本という国は学習能力がありません

1945年、私は10歳の時、生まれ育った長崎で被爆しました。マグネシウムをたいたような白い光が、一瞬にして世界を変えてしまったのです。体中火ぶくれで苦しむ人、うめき声を上げる人、そこはまさに地獄でした。被爆は一生忘れられない恐ろしい体験ですが、それ以上に忘れられないのが、実は食料、衣服、もの不足です。男たちは兵隊に行き、残されたのは女、子どもと老人だけ。しかも今より田畑が豊富にあったのに、とれるものは、かぼちゃのへたくらい。せっかく戦火を逃れても、多くの飢え死にする人がいました。

戦争は何ひとつ生み出さない不毛な行為です。しかし、人は戦争を繰り返してきました。中近東の国家間争いはキリストが生まれる前から始まっています。そこへアメリカ、イギリス、フランス、旧ソ連の4国が利益や宗教争いで侵略し、種族間の憎しみをこじらせ、さらに根深いものにしてしまいました。そして長い歴史の積み重ねの末、今回の戦争が起こったのです。

日本でもテロ対策特別措置法が成立され、自衛隊の海外派遣が行われることになりました。日本は広島と長崎への原爆投下という悲惨な体験をした国です。なのに実にあっさりとこの法案は可決されました。私には、日本という国がまた戦争をしたがっているように見えてしかたがありません。この国には学習能力というものがないのです。

事実、国会議事堂の奥で安穏《あんのん》としていられるヤツらは、ヒロイズムに酔っぱらいたくてしかたがないのでしょう。アメリカもそうです。テロ以来、国歌を鳴らし、国民の感情をあおり立てています。第二次世界大戦時の日本もそうでした。なんの根拠もないのに「神風が吹く!」なんて言って、飛行機に乗せて、あたら若い命をムダに突撃させて散らしてしまったのですから。

戦争のような悲惨な出来事が起こると、人はすぐに感情的になってしまいます。しかしそうなってしまっては、いつまでたっても報復合戦は終わらないし、アフガン難民のような不幸な人たちを生み続けることになります。もう終わらせなければいけないのです。その方法はたったひとつあります。それができるのは理知だけです。

理知があれば、何がよくて何が悪いのかがわかります。情緒過多症にならなくてすむのです。今現在、日本がテロや報復の標的にならずにすんでいるのは、ボランティアでアフガンの人たちの命を支えているわずかの日本人医者や井戸掘りの人たちがいてくれているからでしょう。たった数人の知性と勇気ある行動のおかげで日本は助かっているのです。理想論かもしれないけれど、本当の知性と教養があれば、話し合いで争いのもとを解決できているはずなのです。しかし人は武力や権威で終止符を打とうとします。それが間違いです。

知性とは、冷静な判断と互いを理解する思いやりのことです。争いは知性で終わらせなければ、根を絶つことにはなりません。個人間も国家間も、危機に面した時にいちばん必要になるのは理知です。今回のことは、いい勉強になったはずです。皮肉にも戦争は、人間にとって冷静沈着な理知がいかに大事かを教えてくれる、最大の勉強材料なのです。

本物の快楽

暮らしの中に生きがいを持っている人は、
セックス、麻薬、ギャンブル……など、
本能に基づく快楽に重きをおかなくてすむのです。
充実した人生を送るコツは、
生きがいをたくさん分散させておくこと。
本物の快楽とは、
その生きがいの中にこそあるものなのです。

世の中には私利私欲や快楽に溺《おぼ》れ、人生をムダにしてしまった人がたくさんいます。生きていれば誰だっていい思いをしたいと思うのは当たり前。しかしその気持ちのままに生きてしまってはいけません。人間が無事に一生を終えるための5つの条件をお教えしましょう。

1　色情に狂わないこと。

2　口から入れるものに気をつけること。

3　金銭感覚を失わないこと。

4　約束ごとを守ること。

5　対人関係は腹六分でつきあうこと。

ひとつひとつ説明していきましょう。

1の色情ですが、人を思う尊い気持ちもいきすぎると醜《みにく》い欲になってしまいます。男が惚れた女を殺し、女も男を殺す。ストーカー行為や、それがエスカレートして起こる殺人事件などは、異常なまでの色情が原因です。政治家も、有名企業のお偉いさんも、芸能人も、異性問題のたかがエッチひとつでせっかくの一生を棒に振った人はたくさんいます。

2は酒、タバコなどの嗜好品《しこうひん》や麻薬はもちろん、日常の食品まで、口から入れるものすべてにおいてです。刺激物はとてもおいしいものです。しかし、そういうものを避け、薄味を心がけ、野菜をたくさんとり、満腹の一歩手前で抑える。そうすれば健康を得られます。なんでもかんでもたらふく、お腹いっぱいになるまで口に入れていたら、肥満や成人病になるし、欲望に歯止めがきかなくなります。肉体も精神も醜くなります。

3の金銭感覚ですが、人間、お金をほしがるなといってもそれは無理。お金がほしくない人なんていませんし、お金がないと幸せになれないのもまた事実です。私だってお金に執着があります。しかし分不相応に求めたり、株やバクチで当ててやろうと欲を出すと手痛いしっぺ返しが必ずくることを忘れてはいけません。金の貸し借りで信用をなくしたり、トラブルも起こります。

4は時間や期限など決められた約束を守ること。これを守る人は他人に信用されます。好かれます。ルーズに自分勝手に生きるのはラクです。でもそれで失う信用は計り知れません。自分を律することが大事なのです。

5の対人関係ですが、相手に100パーセントを求めるから「裏切られた」と思うのです。肉親だろうと、友人だろうと、仕事仲間だろうと、「親しき仲にも礼儀あり」で、節度を保って腹六分でつきあえば、いざこざなんて起きません。

もうおわかりのように、これら5つの条件はすべて人間の快楽につながるものです。快楽こそ日常の中で注意しなければならない危険因子。つまり快楽を制御できた人だけが、一生を無事に終えられるということなのです。

太く短く生きるか、細く長く生きるかは、人それぞれです

快楽を得たいという思いは、誰にも備わっているものです。それは本能だからしかたのないこと。しかし大金持ちになりたいと、めちゃくちゃに働いて大金を貯めたとします。でもその大金をあの世へは持っていけません。お金なんて一時預かりで自分の手もとにあるだけ。それでもいいというなら執着すればいいし、それがバカらしいと思うならほどほどに稼いで、ほどほどに暮らす方法を見つければいいのです。食べ物にしてもそうです。健康で一生を終

えたいなら節制すればいいし、病気になってもいいと思うならおいしいものを食べ尽くせばいいだけのこと。麻薬だってどうぞお好きに。

つまり、どっちを選ぶかはその人の価値基準によるのです。太く短く生きるか、細く長く生きるか。胸をはって正々堂々とお天道さまの下で大手を振って歩くか、〃みそさざい〃という鳥がいますが、その鳥のように暗い軒下ばかりを飛んで暮らすのか。後ろめたい思いをしながら暗い軒下で暮らすのが好きならそれでいいのです。誰も強制はできません。でも青空の下を大手を振って歩きたいという気持ちがあるなら、快楽はある程度は犠牲にしなければいけない、ということです。

私も昔はギャンブルをやっていました。でもよく考えてみると、パチンコに通っていた頃は、仕事がうまくいっていない時期。たしか30代だったと思います。やがて仕事がうまく回るようになり、次々と成果が出始めると、ギャンブルなんて興味がなくなってしまいました。ただ銀の玉のゆくえを目を回して追ってるだけの遊びなんて、バカバカしくてやってられないのです。つまり何か生きがいがあれば、快楽に溺れて人生を台なしにすることはないのです。やがてまた忙しくなり、仕事という生きがいを見つけて、私はそれを身をもって知りました。

私は舞台の演出、美術、照明、音楽、すべてを自分でやります。役者として舞台にも立ちます。だから舞台は、のるかそるかの大ばくち。失敗したら全部私のせいなのですから。しかし自分のイメージを形にでき、思いどおりに表現できた瞬間は最高の幸福が待っています。舞台に立ち、照明を浴び、観客の拍手や声援を受ける。それこそが私のエクスタシーなのです。つまり私は仕事で人生の快楽を得ているのです。

生きがいをたくさん持っている人は、セックス、麻薬、ギャンブルといった、本能に基づく快楽に重きをおかなくてすみます。でも生きがいがない人は、どう生きればいいのかわからない。だから生活の中に本能に基づくものしかなくなってしまう。快楽から得るスリルに走ってしまうのです。でもそういう快楽は人を滅ぼしこそすれ、人をヴィヴィッドに活性化させる手助けにはなりません。毒にしかならないのです。

暮らしの中に生きがいを持つこと。それが安心と充実した人生を送るコツなのです。その生きがいとは人によってそれぞれで、私のように仕事の場合もあれば、趣味の場合もあるでしょう。文化もそのひとつです。生物的な本能だけに基づくものではなく、知識の吸収や実践を通して自分が成長していけるものであればなんでもいいと私は思っています。

生きがいの数が多ければ多いほど、精神は安定し、人生は豊かになるでしょう。いくつもいくつも分散させて、たくさん持っておけばいいのです。その生きがいの中にこそ、人生の快楽の源があるのです。

美輪明宏ステージガイド
&ヒストリー

STAGE GUIDE
1967 - 2002
PERSONAL HISTORY
1935 - 2002

親子の情愛を描く
寺山修司の伝説の舞台

毛皮のマリー

これは寺山修司さんが私のために書き下ろしてくれた作品。男娼・マリーと美少年・欣也《きんや》の妖しくはかない、親子の愛と情の物語です。血のつながりこそありませんが、マリーは欣也をわが子同然に育てます。耽美《たんび》、エロ・グロ、ロマンなど視覚的、感覚的に、さまざまな要素をちりばめながら、家族のあり方や生きることの意味を描いているのがこの作品です。母性の欠如、家族の崩壊が問われる現代にも通用する普遍的なテーマを内包しています。

●初演は1967年。作・演出・寺山修司、美術・横尾忠則、衣装・コシノジュンコ。ドイツ・フランクフルトの国際実験演劇祭を皮切りにN.Y.、パリ、ミュンヘンでも。83年4月稽古中に寺山氏が倒れるというアクシデントが起きた。94年、いしだ壱成との共演が話題に。96年再演。2001年初めて美輪明宏が演出・美術・音楽を手がけ上演。ワダエミのゴージャスな衣装が舞台を彩り、及川光博の演技にも注目が集まった。

三島戯曲の格調高さが
セリフの随所に

黒蜥蜴《くろとかげ》

「君の壮麗な（セリフ）技巧をもってすればできる」と三島由紀夫さんがすすめてくれたのが『黒蜥蜴』でした。黒蜥蜴と明智は犯罪者と探偵という間柄ですが、敵対しつつもそこに愛が生まれます。三島さんのセリフは古きよき19世紀のフランスの薫りに満ちあふれています。その格調高さを演出、美術、音楽の面で満足いく形で表現できたのが93年の再演から。再演のたびに練り上げて完成度を高め、今後もできる限り多く上演していきたい作品のひとつです。

●江戸川乱歩の原作を三島由紀夫が戯曲化。1968年、脚本・三島由紀夫、演出・松浦竹夫で東横劇場で初演。その後名古屋、京都、九州をめぐり、東京・歌舞伎座で凱旋公演を行うほどの大当たりだった。69年大阪、長崎、東京で上演し通算124回を記録。84年パリで上演。93年から主演のみならず演出、美術、音楽、衣装も手がけ、94年、97年と再演を重ねた。明智小五郎役は榎木孝明、名高達郎などが演じてきた。

『黒蜥蜴』初演後、私が上演を希望し、三島さんに監修していただいたのが、この『双頭の鷲』です。原作者のジャン・コクトーは、前衛芸術家であり、擬古典主義者でもありました。私はそんなコクトーが描いた、オーソドックスでロマンティシズムあふれる19世紀の古典劇、つまり〝大芝居〟を20世紀に再現させたかったのです。これは王妃と若き詩人が死をかけて貫く至高の愛の物語。初演当時、日本ではまだ上演されていない作品でした。

ジャン・コクトーの
古典劇を20世紀に再現

双頭の鷲《そうとうのわし》

●1968年初演。原作・ジャン・コクトー、監修・三島由紀夫、演出・松浦竹夫。69年名古屋、京都で再演。71年東横劇場での再演後、女優引退宣言。97年に美輪明宏が初演出し、読売演劇大賞優秀賞を受賞。99年再演。王妃のモデルはハプスブルグ家の皇妃エリザベート。ドラマティックに生きた人生をベースに無償の愛が描かれる。王妃が愛する詩人に自らを殺させ、永遠の愛をまっとうしようとするラストシーンは感涙。

アール・デコの美を結集させた愛の物語

椿姫《つばきひめ》

『椿姫』といえばヴェルディのオペラ。縦ロールのヘアスタイルに輪っかのドレスといった古典的な世界を連想される方も多いでしょう。98年の再演時、私はこうした古典世界と現代劇の中間を目指し、舞台装置や衣装などすべてをアール・デコで統一させました。愛する人のために自分を犠牲にするという崇高なこの作品のテーマを際立たせるには、世界中の美がクライマックスに達した時代を舞台に結集させるのが最もよいと感じたからです。

●原作・デュマ・フィス。1968年に4月『黒蜥蜴』、10月『双頭の鷲』の初演に続き、12月に東横劇場で初演。演出・松浦竹夫、脚本づくりにも関わる。相手役のアルマンは細川俊之。この1年の活動で現代版女形〝丸山明宏〟は大ブームに。69年大阪で再演。98年再演時には、主演はもちろん、演出・音楽・美術・衣装・振付けまで手がけ〝美輪ワールド〟を作り上げた。『椿姫』は1937年、グレタ・ガルボ主演で映画に。

愛に生きたピアフの生涯をドラマティックに

愛の讃歌 あいのさんか

〜エディット・ピアフ物語〜

●シャンソン歌手として月例コンサートを行っていた渋谷『ジァンジァン』（2000年閉場）が美輪明宏に依頼、79年5月、10周年企画で上演。主演・作・演出をこなし、千秋楽まで大入りの大反響を呼んだ。10月博品館劇場でアンコール公演。80年、81年再演。2000年にも再演。劇中で歌われる『愛の讃歌』の歌詞は美輪明宏の翻訳。エディット・ピアフの原詩に忠実に訳された美しい愛の言葉は聴くものを魅了する。

『愛の讃歌』の初演は渋谷の『ジァンジァン』でした。「何か芝居を」と依頼を受けたのですが、なんといっても小さな劇場《こや》。豪華な装置が必要な芝居は難しい。そこで思いついたのが、敬愛するシャンソン歌手、エディット・ピアフの生涯を描いた芝居。台本を2週間ほどで書き上げました。ピアフが歌うシーンは生演奏で本格的に。愛に生き、愛に苦しんだ彼女の人生には、本当の愛を求める現代人へのヒントが詰め込まれています。

能ベースの現代劇に生きるための真理が

近代能楽集より

葵上《あおいのうえ》
卒塔婆小町《そとばこまち》

●三島由紀夫が能をベースに創作した現代劇。『黒蜥蜴』初演直後の1968年、三島氏より舞台化を切望されるが、上演できる機構を持った劇場が見当たらず、実現しなかった。初演は96年。98年、2002年再演。演出・主演は美輪明宏。『葵上』は光源氏と六条御息所のように、愛するがゆえに生霊になってしまった女の物語。『卒塔婆小町』は小野小町と深草の少将の伝説を現代化。愛と美と死のあり方を問うている。

三島さんから上演依頼を受けた時、私は以前から温めていた演出プランを話しました。彼はそれを聞いて狂喜乱舞。そこまで具体的なプランが飛び出すと思っていなかったのです。私を逃したら次は出てこないと思ったのでしょう。三島さんは3度も依頼に足を運んでくださいました。愛と憎、美と醜、生と死など、ひとつの言葉には常にふたつの現象が裏合わせにある。それがこの世の法則。このふたつの作品はその真理を教えてくれています。

美輪明宏

PERSONAL HISTORY 1935-2002

1935年（昭10） 0歳

丸山臣吾、長崎県長崎市に生まれる。生家は丸山遊郭の近くでカフェや料亭などを数店営んでいた。2歳半で生母と死別。その翌年、父親が再婚するが、継母もやがて死亡。

1945年（昭20） 10歳

8月9日、長崎で被爆。

1946年（昭21） 11歳

グレタ・ガルボ、マレーネ・ディートリヒなどの映画など数々の名画を観て過ごす。●小学校の先生に歌の才能を認められ、声楽とピアノの基礎レッスンを始める。

1948年（昭23） 13歳

海星学園中学に入学。文学、芸術に開眼。ラファエロやミケランジェロの絵画、ヴェルレーヌ、ランボー、ボードレール、コクトー、北原白秋、竹久夢二、石川啄木、萩原朔太郎の詩、芥川龍之介、夏目漱石、樋口一葉、岡本かの子を乱読。●美貌が注目され、男子上級生の噂の的に。●初恋。

1949年（昭24） 14歳

シャンソンと出合う。

1951年（昭26） 16歳

上京。国立音楽大学付属高校入学。アルバイトをしていた喫茶店で初めて人の前で歌う。三島由紀夫との出会い。

1952年（昭27） 17歳

高校を中退、一時帰郷するが家出、再び上京。ポスター貼り、ポン引き、喫茶店のボーイなど職を転々としながら極貧の生活。●初めてプロ歌手として、キャバレー『銀巴里《ぎんぱり》』（のちのシャンソン喫茶）のステージに立つ。

1953年（昭28） 18歳

進駐軍のキャンプ回り。ここでアメリカ流のワンマンショー形式を学ぶ。

1955年（昭30） 20歳

『銀巴里』を頂点にしてシャンソンブーム起きる。相次ぐ家族の入院で仕送りを始める。当時の給料5万円。

1956年（昭31） 21歳

丸山臣吾から丸山明宏に改名。●服飾革命を唱える。特に紫ずくめの衣装が銀座で話題を呼ぶ。「銀座にオバケが出る」とまで言われた。●文語体のシャンソンの訳詞に反発し、日常語を使った訳詞を手がけ始める。

1957年（昭32） 22歳

ジルベール・ベコーのメ・ケスクセを訳詞した『メケメケ』が大ヒット。〝神武以来の美少年〟〝シスターボーイ〟のキャッチフレーズで丸山明宏ブームが起きる。日比谷公会堂で初のリサイタル。

1959年（昭34） 24歳

この頃から、元祖シンガーソングライターとして、『ふるさとの空の下』『僕と日曜日』『ヨイトマケの唄』などを作り始める。

1961年（昭36） 26歳

日活映画の花形スター、赤木圭一郎とのロマンス。2月21日、赤木圭一郎は撮影所内のゴーカート事故でこの世を去る。

1964年（昭39） 29歳

『ヨイトマケの唄』を初めて発表する。

1965年（昭40） 30歳

NET『モーニングショー』で、『ヨイトマケの唄』を歌い、同局開局以来の反響を呼ぶ。かすりの着流しで歌ったため、男性宣言などと騒がれる。

1966年（昭41） 31歳

『ヨイトマケの唄』が大ヒット。

1967年（昭42） 32歳

寺山修司主宰の天井桟敷《てんじょうさじき》旗揚げ公演『青森県のせむし男』で女優として初舞台を踏む。次いで『毛皮のマリー』でも主演を。

1968年（昭43） 33歳

三島由紀夫脚本による『黒蜥蜴《くろとかげ》』が大ヒット。松竹映画、深作欣二監督作品『黒蜥蜴』に出演。ジャン・コクトー作『双頭《そうとう》の鷲《わし》』、デュマ作『椿姫《つばきひめ》』、翌69年『マタ・ハリ』に主演。●自伝『紫の履歴書』を出版。三島由紀夫が昭和有数の名著と絶賛し、ベストセラーに。

PERSONAL HISTORY
1935-2002

1970年（昭45）**35歳**
11月、10年ぶりに日劇『秋のおどり』に出演。公演中に三島由紀夫の自決事件が起こる。●TBSラジオで『身の上相談』を始める。

1971年（昭46）**36歳**
女優引退宣言。●丸山明宏から美輪明宏に改名。

1974年（昭49）**39歳**
熱海ニューフジヤホテルで『美輪明宏ショー』を1年間ロングラン公演。

1975年（昭50）**40歳**
渋谷『ジァンジァン』で月例コンサート『美輪明宏の世界』を始める。一時中断をはさみ、閉館される2000年4月まで続ける。

1977年（昭52）**42歳**
自作の歌『老女優は去りゆく』がステージ、ライブハウスで人気を呼ぶ。

1979年（昭54）**44歳**
渋谷『ジァンジァン』10周年企画公演『愛の讃歌〜エディット・ピアフ物語』を作、演出、主演で上演。大評判を呼ぶ。●この頃から、体調を崩し始める。

1983年（昭58）**48歳**
西武劇場（現パルコ劇場）で『毛皮のマリー』『青森県のせむし男』を再演。

1984年（昭59）**49歳**
2月、パリで『黒蜥蜴』を上演。シャンソン公演も成功させ、大評判を博す。

1987年（昭62）**52歳**
ヨーロッパコンサートツアー（パリ、マドリード、シュツットガルト）が大成功。ル・モンド、リベラシオンをはじめ、多くの新聞、雑誌に絶賛される。

1990年（平2）**55歳**
12月29日、多くのファンに惜しまれ、『銀巴里』閉店。

1991年（平3）56歳

長年悩まされてきた病気が治り、本格的に活動を始める。●心理バラエティ番組『それゆけココロジー』（日本テレビ系）にレギュラー出演。CM〝おだまりアインシュタイン〟が話題に。

1993年（平5）58歳

『黒蜥蜴』を東京、名古屋、高松、大阪で再演。伝説の舞台、25年ぶりの再演でチケットは1日で完売。この頃から演出、美術、衣装、音楽、主演をこなすようになる。

1994年（平6）59歳

『黒蜥蜴』『毛皮のマリー』を全国で再演。コンサートも精力的にこなす。

1996年（平8）61歳

『毛皮のマリー』再演。三島由紀夫が熱望していた近代能楽集『葵上《あおいのうえ》』『卒塔婆小町《そとばこまち》』をついに上演。

1997年（平9）62歳

大ヒット映画『もののけ姫』のモロの君役で声優として出演。●『黒蜥蜴』『双頭の鷲』再演。『双頭の鷲』で読売演劇大賞優秀賞を受賞。

1998年（平10）63歳

『椿姫』『葵上』『卒塔婆小町』を再演。●ベストセラー『人生ノート』を出版。

1999年（平11）64歳

MORE誌上で『本当の愛を教えてあげましょう』の連載が始まる。●『双頭の鷲』再演。

2000年（平12）65歳

『愛の讃歌』再演。●75年から続けてきた渋谷『ジァンジァン』でのラストコンサート。

2001年（平13）66歳

『毛皮のマリー』再演。●パルコ劇場で対談&トークショー『こんにゃく問答』を開催。インターネットで発売したチケットは瞬時に完売。

2002年（平14）67歳

芸能生活50年を迎える。●『葵上』『卒塔婆小町』を再演。

エピローグ

わたしが歌い、演じ続けている理由

私がプロの歌手として歌を歌い始め、2002年で50年になりました。2001年が2002年になっても、西暦の数字がひとつ増えただけ。そして私は49年目だろうが50年目だろうが、これまでと変わらず、歌い、演じるだけです。数字なんてただの目安。意味などないと思っています。

しかし、50年といえば半世紀。その間に病気もし、貧乏生活、愛する人々との生別、死別、血の涙をどれだけ流してきたことか。われながら、よくぞここまで生きてこられたなと思います。人間も動物も、すべての生きとし生けるものにとって、生き続けるということは大変なこと。それは讃《たた》えられるべき能力です。

そうやって生き延びるだけでも大変なのに、芸能界という世界はさらに過酷です。その世界で私はシンガーソングライター、ビジュアル系、現代女形の元祖と、革命を起こしてきました。でも私の行動の骨子《こっし》にあったのは、芸能界というこの世界で生き続けてやろうという打算ではなく、人々を励まし、癒し、慰めたいという思いでした。それは使命感といってもいいかもしれません。

たとえば幼い頃、私は自分がいじめられてもケンカなどには応じませんでした。「女みたいなヤツ！」「変態！」。言いたいヤツには言わせておけばいい。でも人がいじめられているのは、どうしても見ていられない。それで売られてもいないケンカを、自ら買ってしまうような子どもでした。

自分が満足に食べられなくて、頭にハエをたくさんたからせているくせに、人の頭のハエを追おうとする。困っている人を見ると、見て見ないふりができない。これはもう、業《ごう》のようなもの。宿業《しゅくごう》です。それが人として、そして表現者として、私の根底に流れているのです。

幼い頃からクラシック、ジャズ、長唄、能の謡《うたい》など多彩なジャンルの音楽や、映画、演劇、文学に触れて育った私は、おのずと芸術の世界を志すようになりました。美しいメロディや詩情あふれる言葉でこの世を埋め尽くしたい。しかし世の中が進む先は、その正反対。

そして現代は、世界中がささくれだって、荒れ果てています。人も社会構造も何から何までおかしくなって、まるで刃物だらけの中を、裸で歩いているような危機感すら感じさせる世の中。人に栄養が足りていないのです。肉体のためのビタミンは過剰に出回り、摂取されていますが、心のビタミンは大凶作。みな、精神的栄養失調に陥《おちい》っています。

健康な心を維持するためのビタミン、それが文化です。技術的、物質的な文明ではなく、音楽、美術、文学という古今東西の芸術。それこそが、この世と人の心のゆがみを軌道修正してくれる栄養剤。

人々を励まし癒し慰めるために私にできるのは、歌い演じ、文化という精神のビタミンを少しでも多くの方に召し上がっていただくこと。だから、音楽、演劇、講演、さまざまな手段でメッセージを届けているのです。

私は歌が好きです。そして、私は歌を歌う才能を与えられました。だから、その才能を生かすのが自分の使命だとも思っています。人はみんな、なんらかの能力を授かって生まれてきます。この世の中に能力を持たない人はいないのです。問題は自分の能力に気づくかどうか。自分の能力を生かして生きていれば、みんな、お代《か》わりのいない人になれるのです。

昔、筑豊の炭坑に公演に行った時のことです。終戦後のこととて、公演といっても、古びた劇場《こや》で歌うみじめな仕事。私は情ない思いをこらえ必死で歌っていました。しかしふと気づくと、歌う私の足もとに、老若男女の顔が鈴なりになっているではありませんか。その顔はどれも石炭で真っ黒。背負われている子どもはやせ細っています。必死に働き稼《かせ》いだお金を握りしめてきてくれたのです。なのに私は鼻歌を歌っている……。顔から火が出るほど恥ずかしくなりました。

その時、私は悟ったのです。私のコンサートや講演会へ行こうと選んでくれた人は、その人の人生のある時間とお金を私のために使って、自分の糧《かて》にしようとしてくれているわけです。だから、どんな時も全身全霊をかけ、真心を差し上げるという気持ちで歌わないと私は詐欺師《さぎし》になってしまう。それでは舞台に立っている意味がない。自分の使命を果たせないのだと……。私は50年間、それをやり続けてきただけなのです。

エンターテイナーとしての私を支えているのは、そんな私の心ひとつ。

50年こうしてやってきて、明日からもエンターテイナーとして、またエッセイストとして多くの人のお役に立ちたいという願いをエネルギーとして、私のこれまでと変わらない毎日が続いて参ります。

このたびの著書は雑誌『モア』に長い間続けさせていただいたエッセイを取りまとめたものと、いくつかの対談を混合したものですが、みなさまの人生行路のせめてもの捨て石のひとつにでもなれば幸せと存じ、出版させていただきました。

2002年6月　美輪明宏

写真協力

秋元孝夫／木村直軌／山田眞三／パルコ劇場／河口湖中原淳一美術館(ⒸJunichi Nakahara／ひまわりや)／安田火災東郷青児美術館／安田火災海上保険株式会社／毎日新聞社／ユニフォトプレス

ブックデザイン／高橋雅之(タカハシデザイン室)
CGオペレーション／Studio Gumbo

美輪明宏

みわ・あきひろ●1935年、長崎県長崎市生まれ。国立音楽大学付属高校中退。52年17歳でプロ歌手としてデビュー。57年『メケメケ』、66年『ヨイトマケの唄』が大ヒット。67年寺山修司主宰の天井桟敷旗揚げ公演『青森県のせむし男』で女優として初舞台。以後『毛皮のマリー』、三島由紀夫脚本『黒蜥蜴』、『双頭の鷲』『椿姫』『愛の讃歌』など伝説と呼ばれる舞台の主役を務める。97年再演の『双頭の鷲』で読売演劇大賞優秀賞を受賞。舞台以外にもコンサート、講演、雑誌連載、執筆活動など、幅広く活躍中。02年には、オリジナルからシャンソン、童謡まで100曲以上が収録された歌手生活50周年記念アルバム『美輪明宏全集』をリリース。主な著書に『紫の履歴書』（水書坊）、『人生ノート』『ああ正負の法則』（パルコ出版）、『天声美語』（講談社）、『強く生きるために』（主婦と生活社）など

愛の話 幸福の話

2002年6月30日　第　一　刷発行
2006年4月18日　第二十一刷発行

著　者　美輪明宏《みわあきひろ》
発行者　山下秀樹
発行所　株式会社　集英社
東京都千代田区一ツ橋2-5-10　郵便番号101-8050
電話　編集部03-3230-6350　販売部03-3230-6393
　　　読者係03-3230-6080

印刷所　大日本印刷株式会社
製本所　加藤製本株式会社

ISBN4-08-780357-0　C0095